特殊武器

鉴赏指南 （珍藏版）

（第2版）

《深度军事》编委会 编著

清华大学出版社

北 京

内 容 简 介

本书精心选取了"二战"以来世界各国制造的两百余种特殊武器，涵盖了特殊陆战武器、特殊海战武器、特殊空战武器和特殊单兵武器四个类别，着重介绍了每种武器的基本信息、突出特点、整体结构和作战性能。

本书内容结构严谨，分析讲解透彻，图片精美丰富，既适合广大军事爱好者阅读和收藏，也可以作为青少年的科普读物。

图书在版编目(CIP)数据

特殊武器鉴赏指南：珍藏版/《深度军事》编委会编著. —2版 —北京：清华大学出版社，2018（2024.9 重印）

（世界武器鉴赏系列）

ISBN 978-7-302-50948-6

Ⅰ. ①特… Ⅱ. ①深… Ⅲ. ①特种武器—世界—指南 Ⅳ. ①E92-62

中国版本图书馆CIP数据核字(2018)第190430号

责任编辑：李玉萍
封面设计：郑国强
责任校对：张术强
责任印制：丛怀宇
出版发行：清华大学出版社
   网　　址：https://www.tup.com.cn, https://www.wqxuetang.com
   地　　址：清华大学学研大厦A座　　　邮　　编：100084
   社 总 机：010-83470000　　　　　　邮　　购：010-62786544
   投稿与读者服务：010-62776969, c-service@tup.tsinghua.edu.cn
   质量反馈：010-62772015, zhiliang@tup.tsinghua.edu.cn
印 装 者：涿州汇美亿浓印刷有限公司
经　　销：全国新华书店
开　　本：146mm×210mm　　　　　　　　印　　张：10
版　　次：2016年8月第1版　2018年9月第2版　　印　　次：2024年9月第8次印刷
定　　价：49.80元

产品编号：076369-01

丛书序

FOREWORD

　　国无防不立，民无防不安。一个国家、一个民族，最重要的两件大事就是发展和安全。国防是人类社会发展与安全需要的产物，是关系国家和民族生死存亡的根本大计。军事图书作为学习军事知识、了解世界各国军事实力的绝佳途径，对提高国民的国防观念，加强青少年的军事素养有着重要意义。

　　与其他军事强国相比，我国的军事图书在写作和制作水平上还存在许多不足。以全球权威军事刊物《简氏防务周刊》（英国）为例，其信息分析在西方媒体和政府中一直被视为权威，其数据库广泛被各国政府和情报机构购买。而由于种种原因，我国的军事图书在专业性、全面性和影响力等方面都还明显不足。

　　为了给军事爱好者提供一套全面而专业的武器参考资料，并为广大青少年提供一套有趣、易懂的军事入门级读物，我们精心推出了"世界武器鉴赏系列"图书，内容涵盖现代飞机、现代战机、早期战机、现代舰船、单兵武器、特战装备、世界名枪、世界手枪、美国海军武器、"二战"尖端武器、坦克与装甲车等。

　　本系列图书由国内资深军事研究团队编写，力求内容的全面性、专业性和趣味性。我们在吸收国外同类图书优点的同时，还加入了一些独特的表现手法，努力做到化繁为简、图文并茂，以期符合国内读者的阅读习惯。

本系列图书内容丰富、结构合理，在带领读者熟悉武器历史的同时，还可以提纲挈领地了解各种武器的作战性能。在武器的相关参数上，我们参考了武器制造商官方网站的公开数据，以及国外的权威军事文档，做到了有理有据。每本图书都有大量的精美图片，配合别出心裁的排版，具有较高的欣赏和收藏价值。

前言
PREFACE

　　古希腊哲学家亚里士多德有句名言："想象力是发明、发现及其他创造活动的源泉。"诚然，人类生活中许多新奇事物最初都源自于想象，这点在军事领域也不例外。突击步枪、反坦克火箭筒、航空母舰、无人潜艇、倾转旋翼机、太空飞机、电磁轨道炮……各种武器的诞生无一不是想象力和辛勤钻研的结果。

　　20世纪以来，人类社会先后爆发了两次惨烈无比的世界大战，虽然之后没有再出现全球性的战争，但大大小小的局部战争和地区冲突从未间断。在战争的催化下，军事科技以远胜于冷兵器时代的速度飞快地向前发展。在此期间，世界各国研制了大量用途各异的作战武器，其中不乏一些充满奇思妙想的设计，令人叹为观止。

　　2016年，我社推出了新一批"世界武器鉴赏系列"图书，其中本书对"二战"以来世界各国制造的200余种特殊武器进行了全面介绍，涵盖特殊陆战武器、特殊海战武器、特殊空战武器和特殊单兵武器四个类别。这些武器有的构造奇特，有的威力惊人，有的技术超前，均是军事爱好者喜闻乐见的魅力武器。由于内容全面、图文并茂、印刷精美，该书在市场上产生了一定的积极影响。

　　不过，由于军事知识更新较快，在近两年出现了不少新式特殊武器，而一些现役的特殊武器也在不断发生变化。针对这种情况，我社决定在第1版的良好基础上，虚心接受读者朋友们提出的意见和建议，推出内容更新更全的第2版。与第1版相比，第2版不仅新增了数十种特殊武器，还对第1版的过时信息进行了更新。

本书紧扣军事专业知识，不仅带领读者熟悉武器的构造，而且可以了解武器的作战性能，特别适合作为广大军事爱好者的参考资料和青少年朋友的入门读物。全书共分为5章，涉及内容全面合理，并配有丰富而精美的图片。

本书是真正面向军事爱好者的基础图书。全书由资深军事研究团队编写，力求内容的全面性、趣味性和观赏性。全书内容丰富、结构合理，关于武器的相关参数还参考了制造商官方网站的公开数据，以及国外的权威军事文档。

本系列图书由《深度军事》编委会创作，参与本书编写的人员有阳晓瑜、陈利华、高丽秋、龚川、何海涛、贺强、胡妹婷、黄启华、黎安芝、黎琪、黎绍文、卢刚、罗于华等。对于广大资深军事爱好者，以及有意掌握国防军事知识的青少年，本系列图书不失为最有价值的科普读物。希望读者朋友们能够通过阅读本系列图书，循序渐进地提高自己的军事素养。

本书赠送的图片及其他资源均以二维码形式提供，读者可以使用手机扫描下面的二维码下载并观看。

目录 CONTENTS

第1章
现代武器概述

武器是直接用于杀伤敌人的有生力量、破坏敌方设施的器械，它与战争进程息息相关，并在很大程度上影响到一个时代的世界政治进程。

世界武器发展简史

和平与发展，这是当今世界的两大主题。遗憾的是，战争从来就没有远离过人类社会。可以说，人类文明史就是战争积累的历史。纵观古今中外，人类文明史上几乎没有过真正的和平。

据统计，在世界文明史的 5000 多年里，人类共经历了大小 14550 次战争，和平时期仅为 292 年，如果把这 5000 多年当作一天来计算，在这 24 小时中，就有 23 个小时在打仗。时至今日，战争已经吞噬了 35.4 亿人的生命，而消耗的财富更是难以计算。仅 20 世纪上半叶，人类用于战争的费用就高达 470000 亿美元。数据显示，第二次世界大战（以下简称"二战"）结束以来，世界上爆发了近 800 场局部战争，其中美国参与的就有 50 多次，大约有 1000 万人死于战火。

"二战"诺曼底登陆中的美军部队

从某种角度上来说，人类社会的发展史也是一部战争艺术的发展史，战争的发展史也是一部武器的发展史，而武器的发展往往是人类科技发展积累的结果。武器可分为冷兵器和热兵器两个大类，其中冷兵器出现于人类社会发展早期，由耕作、狩猎等劳动工具演变而成，随着战争及生产水平的发展，经历了由低级到高级，由单一到多样，由庞杂到统一的发展过程。世界各国、各地冷兵器的发展过程各有特点，但基本可归结为石兵器时代、铜兵器时代、铁兵器时代和冷兵器、火器并用时代。

冷兵器时代持续了数千年之久，而热兵器取代冷兵器也并非一朝一夕。一般认为，火药的发明是热兵器诞生的决定性因素。由于史学家记载的疏漏或对于科学发明的重视不够，火药的具体问世时间已不可考。北宋仁宗庆历四年（1044 年），曾公亮等人较早地在《武经总要》中使用了"火药"一词，并在该书中记载了世界上最早的三个火药配方。迄今为止，在所有可能得到的火药史资料中，《武经总要》所记载的三个火药配方，是世界上最早公布的火药配方。

在热兵器中，枪械是发明最早的，用途也是最广的，不管什么兵种都要用到。早在 1259 年，中国就制成了以黑火药发射子窠（铁砂、碎瓷片、石子、火药等的混合物）的竹管突火枪，这是世界上最早的管形射击火器。随后，又发明了金属管形射击火器——火铳，使热兵器的发展进入一个新的阶段。

中国元代制造的手铳

　　13世纪时，火药技术和金属管形火器开始传入欧洲，并在欧洲获得了快速发展。到15世纪时，西班牙人研制出了火绳枪。17世纪初，法国人发明了燧发枪，解决了火绳枪雨天容易熄火、夜间容易暴露等弊端，逐渐成为军队的主要武器。1835年，普鲁士人德莱赛成功发明了后装式步枪。1867年，德国成功制造了世界上第一支使用金属外壳子弹的机柄式步枪。

17世纪的欧洲火枪手

　　19世纪末，自动枪械开始出现，并被应用到第一次世界大战（以下简称"一战"）之中。1884年，第一种现代意义上的自动枪械研制成功，这就是著名的马克沁重机枪。至此，自动枪械开始取代手动枪械，成为战场上的新宠。

　　在枪械变革的同时，其他类型的热兵器也在迅速发展。这些热兵器因为战争的催化而完善，又反过来促进战争的进程，进而在很大程度上影响到一个时代的世界政治进程。

"一战"中，以战壕和机枪群为基础的防守被证明优于进攻，因此"一战"主要以阵地战为主。战争期间，机枪、步枪、冲锋枪、火炮、战列舰主导了战局。战争后期出现的新式武器（如坦克、飞机等），还有众多不完善之处，只能是战场插曲。到了"二战"时期，坦克、飞机、航空母舰、潜艇等海陆空新式武器的优势得到了发挥，战争的形式随之发生改变。德国基于坦克与飞机集群的"闪电战"和美、日以航空母舰以主的突击战法都取得了巨大的成功。"二战"时期，整个战线具有极大的流动性，也造成了更甚于"一战"的破坏性和毁灭性。

"二战"后，在美、苏争霸的大环境下，新式武器层出不穷，各有特色。随着新军事变革的深入发展，推进军事转型、构建信息化军队、打赢信息化战争，已经成为世界各国发展武器装备的目标。目前，军事大国正加紧调整军事战略，以信息技术推动信息化武器装备的发展。

美国海军现役"尼米兹"级航空母舰

当代特殊军事科技

在人类的奇思妙想下，武器的发展历程中出现过许多非常特殊的设计。它们有的外形奇特，有的威力绝伦，还有的技术超前，这些武器有的被证明作战性能出色，也有的在实战中被淘汰，但无论如何，它们都为军事科技的进步做出了贡献。这类武器以前不少，当代为数众多，未来还会不断出现。

电磁弹射器

电磁弹射器是航空母舰上的一种舰载机起飞装置，已由美国最新下水的"福特"号航空母舰首先装备。与传统的蒸汽式弹射器相比，电磁弹射器具有容积小、对舰上辅助系统要求低、效率高、重量轻、运行和维护费用低廉的优点，是未来航空母舰的核心技术之一。

装有电磁弹射器的"福特"号航空母舰

"宙斯盾"作战系统

　　"宙斯盾"作战系统（Aegis Combat System）是美国海军现役最重要的整合式水面舰艇作战系统，代表了当今世界最先进的海军科技水平。它能够快速搜索和跟踪来袭目标，最远搜索距离可达 400 千米；能够对海、对空三维搜寻，并且可以同时检测、识别、判断和跟踪多达 400 个目标；可同时对 12 枚舰载型"标准"系列防空导弹进行中段制导；可向随行的其他舰艇提供目标指示数据；可为多枚导弹使用的半主动制导雷达提供引导；可对武器杀伤效果做出及时、精确的评估。

安装有"宙斯盾"作战系统的美国海军"阿利·伯克"级驱逐舰

贫铀装甲

　　贫铀装甲是指掺杂了贫铀金属的复合装甲，1988 年由美国发明，用于 M1A1 和 M1A2 主战坦克，这一研究成果是 20 世纪八九十年代坦克装甲技术发展史上最重要的进展之一。实战证明，贫铀装甲是目前世界上防弹能力最强的复合装甲。安装了贫铀装甲的 M1A1 主战坦克，其装甲防护力提升到 M1 主战坦克的两倍，它防尾翼稳定脱壳穿甲弹的能力相当于 700 毫米厚的均质钢装甲，抗空芯装药破甲弹的能力相当于 1300 毫米厚的均质钢装甲。贫铀合金的冶炼、热处理和装甲块的制造，是制造贫铀装甲的关键，美国对此技术高度保密，外界至今仍无从得知。

美国陆军 M1A2 主战坦克

头盔显示系统

头盔显示系统是虚拟现实技术中的重要硬件工具之一。经过多年发展，头盔显示系统支持通信联络、态势感知、武器瞄准等多种作战需求，已成为现代战机的"力量倍增器"。配备头盔显示系统的战机具备四大优势：一是对付同一威胁，杀伤／损失率从 1.8 ∶ 1 提高到 3.8 ∶ 1；二是同等时间内发射导弹的数量增加一倍；三是飞行员往往能先敌开火；四是支持飞行员并行完成多种任务。

美国空军飞行员佩戴的头盔显示系统

有源相控阵雷达

有源相控阵雷达的成功应用是对传统机载雷达的一次革命，它极大地扩展了雷达的应用领域和提高了雷达的工作性能，进而提高和丰富了作战飞机执行任务的能力和作战模式。有源相控阵雷达波束指向非常灵活、迅速；一个雷达可同时形成多个独立波束，同时实现搜索、识别、跟踪、制导、无源探测等多种功能；能同时监视、跟踪多个目标；抗干扰性能好。另外，有源相控阵雷达的可靠性高，即使少量发射 / 接收模块失效仍能正常工作。目前，美国空军除了 F-22 和 F-35 等新一代战斗机都毫无例外地装备有源相控阵雷达外，还计划对现役的旧军用飞机进行有源相控阵雷达改进。

装备有源相控阵雷达的美国 F-35 战斗机

推力矢量技术

推力矢量技术是指发动机推力通过喷管或尾喷流的偏转产生的推力分量来替代飞机原有的操纵面或增强飞机的操纵功能，对飞机的飞行进行实时控制的技术。这是一项综合性很强的技术，它包括推力转向喷管技术和飞机机体 / 推进 / 控制系统一体化技术。推力矢量技术的开发和研究需要尖端的航空科技，反映了一个国家的综合国力。目前，世界上只有美国和俄罗斯掌握了这一技术，F-22 和苏 -35 就是两国装备了这一先进技术的各自代表机种。

美国空军 F-22 战斗机

第2章
特殊陆战武器

陆战是人类历史上最早的战争形式，经过漫长的发展，现代陆战已经成为多兵种协作的立体战斗，具有杀伤破坏力大、战情变化快、战斗样式转换迅速、指挥协同复杂和勤务保障艰巨等特点。在陆战武器的发展过程中，出现了许多非常特殊的武器，让人叹为观止。

美国"阿特拉斯"机器人

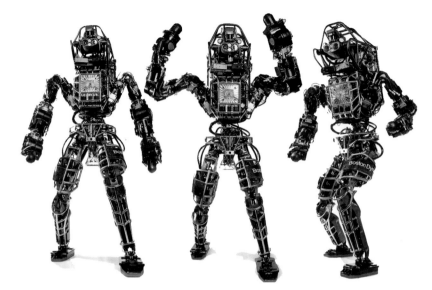

"阿特拉斯"机器人（Atlas robot）是一种处于试验阶段的双足人形机器人，由美国国防部高级研究计划署资助、波士顿动力公司（Boston Dynamics）开发。

结构解析

"阿特拉斯"机器人使用铝和钛材质制造，身高 1.9 米，体重 150 千克，由头部、躯干和四肢组成，有两只灵巧的手，像人类一样用双腿直立行走。"阿特拉斯"机器人有 28 个液压关节，头部装有立体照相机和激光测距仪。

作战性能

"阿特拉斯"机器人专为各种搜索及拯救任务而设计，不仅被设计为能够行走、取物，并且能够在户外穿越复杂地形，使用手脚攀爬。它的"双眼"是两个立体感应器，能在实时遥控下穿越比较复杂的地形。"阿特拉斯"机器人能够完成的动作包括：在传送带上大步前进，躲开传送带上突然出现的木板；从高处跳下稳稳落地；两腿分开从陷阱两边走过；单腿站立，被从侧面而来的球重重撞击而不倒等。

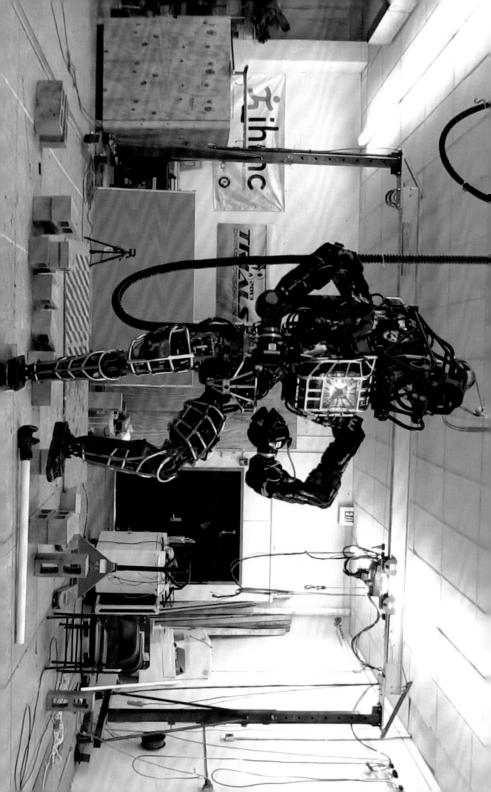

美国"大狗"机器人

　　"大狗"（Big Dog）机器人是由波士顿动力公司和美国军方合作研制的动力平衡四足机器人，主要用于物资运输，能够为战场上的士兵减轻负担。

结构解析

　　"大狗"机器人没有车轮或者履带，而是采用四条机械腿来运动。机械腿上面有多种传感器，包括关节位置和接触地面的部位。它还有一个激光回转仪，以及一套立体视觉系统。"大狗"机器人总长度1米，高度0.7米，重量75千克，几乎相当于一头小骡子的体积。

作战性能

　　"大狗"机器人能够以5.3千米/时的速度穿越复杂地形，并且可负载154千克的重量。它能够爬行35度的斜坡，其运动由装载在机身上的计算机控制，这台计算机能够接收机器上各种传感器传达的信号。导航和平衡也由这个控制系统控制。

美国"魔爪"无人车

"魔爪"（Talon）无人车是福斯特·米勒公司为美军研制的遥控无人车，可执行排爆、警戒、侦察、核生化探测、攻击等任务。

结构解析

"魔爪"机器人采用履带式行进装置，最初是一种重量 52 千克的单一机器人平台，随着使用范围的扩大，逐渐发展成为功能全面的大平台。该系列产品包括基本型、危险品处理型、重物提升型、灵敏反应型、突击型、武装型等，单价为 6 万～ 23 万美元。

作战性能

在"魔爪"系列机器人中，武装型是极其特殊的型号，它将基本型的排爆装置换成了遥控武器，如 5.56 毫米口径的 M249 机枪、7.62 毫米口径的 M240 机枪、12.7 毫米口径的 M82 狙击步枪、40 毫米口径的自动榴弹发射器或 66 毫米口径的 4 管 M202 火箭发射器。美军在伊拉克和阿富汗战场共投入了 3000 多辆"魔爪"机器人，成为美军反游击战的有力装备。每当美军有行动时，总会派出"魔爪"机器人对道路两旁、建筑物进行侦察探测，一旦发现爆炸物就立即进行排除，效率是人工排爆的两倍以上。

美国"角斗士"无人车

　　"角斗士"（Gladiator）无人车是美国海军陆战队装备的多用途无人车，可以在任何天气和地形条件下执行侦察、核生化武器探测、突破障碍、反狙击手和直接射击等任务。

结构解析

　　"角斗士"是一款能够遥控操作的多用途无人车，高度1.35米，重量约800千克。最初的行进方式为履带式，后改为更具机动性的6×6轮式驱动。"角斗士"系统的控制面板与游戏机手柄十分相似，士兵们可以通过它向"角斗士"下达指令，战斗时，"角斗士"可冲在最前面，为后续士兵扫清前进中的障碍。

作战性能

　　"角斗士"无人车配备了日/夜摄像机，能够24小时对目标进行侦察与监视，此外还装有一套生化武器探测系统。在武器方面，通常装有7.62毫米口径的中型机枪和9毫米口径的"乌兹"冲锋枪。

美国机动探测评估响应系统

机动探测评估响应系统（Mobile Detection Assessment and Response System，MDARS）是美国陆军装备的一种能够在室外环境中执行半自主随机巡逻和监视任务的无人车。

结构解析

MDARS 无人车采用 4×4 轮式驱动，可在仓库、军品储存区、军械库、石油储存区等处活动。MDARS 使用 3 个微音器的声音探测装置，能够准确地测出异常声音（如玻璃破碎声和东西落地的声音）的方位。

作战性能

MDARS 无人车的主要任务包括入侵者探测、库存产品评估、障碍评估等，其主要特点有：导航精确度 6 厘米，能够自主作业，直至探测到异常物；能自动规避障碍物；能够探测距离 150 米处爬行、跑动的入侵者；可在混凝土、柏油路、碎石路或不平坦的粗糙地面上作业；可跨越铁轨和其他小型障碍；可连续作业 14 小时；1 个控制站可同时控制 8 辆无人车；具有完全遥控和操作人员对异常物的直观评估能力。

美国主动拒止系统

主动拒止系统（Active Denial System，ADS）是由美国空军研究实验室和美国国防部非杀伤武器联合董事会合作研发的一款非杀伤性武器，美军曾计划在阿富汗战场使用，但最终被撤回。

结构解析

ADS 主要用于控制人群、保护地面基地或海上舰船，它可以产生毫米波能量束，照射到皮肤上可引发难以忍受的灼热效应，用于阻止人员前行，但不会造成伤害或长时间的副作用，有望替代那些可能造成死亡或伤残的武器。

作战性能

ADS 的有效射距超过 500 米，发射的毫米波能量束可罩住整个人的身体，并穿透人体皮肤的极薄表皮，使目标感受到极度痛苦，暂时失去战斗力。实地测试显示，目标脱离射线范围痛苦立刻消失，不会产生永久性肉体伤害。不过，若射线打到行动不便的敌方伤兵，目标在无法逃离的情况下，可能因灼伤致命。

美国通用遥控武器系统

通用遥控武器系统（Common Remotely Operated Weapon Station，CROWS）是一种车载、遥控操作的武器系统，经由车内人员操作，除装填外大部时间无须暴露在车外，提高了人员安全性。

结构解析

CROWS 安装有一部放大倍率为 18 倍的第二代热像仪、一部放大倍率为 27 倍的光学瞄准具、一部激光测距仪，监视距离可以达 5 千米，识别距离为 2 千米，其他传感组件还包括高倍率摄像机、前视红外系统等。

作战性能

CROWS 可根据需要安装多种武器装备，如 40 毫米口径的 Mk 19 榴弹机关炮、12.7 毫米口径的 M2 重机枪、加特林六管机枪、7.62 毫米口径的 M60 通用机枪、7.62 毫米口径的 M240 通用机枪等。CROWS 还配有一个大型弹药箱，可安装在悍马车内。这个弹药箱可装填大量弹药，能为武器提供充足的弹药供给。即使车辆处于行驶状态，CROWS 的打击精度也非常高。

美国 M65 原子炮

　　M65 原子炮是美国于 20 世纪 50 年代研制的牵引式原子炮，绰号"原子安妮"（Atomic Cannon）。1953 年 5 月 25 日，美军在内华达州进行了 M65 原子炮的第一次发射试验。

结构解析

　　M65 原子炮的总重量为 85 吨，炮身长度为 12.2 米，其后坐力巨大，因此必须预设阵地。拖车采用前后各一式的双牵引车型，不需要转向即可前进后退。拖车上装有液压千斤顶，以便卸下炮身。操控采用液压式控制，使用装弹机装弹。

作战性能

　　M65 原子炮的直径为 280 毫米，专用于发射核炮弹，射击准备时间 15 分钟，射程 32 千米，其爆炸威力相当于投到广岛原子弹的四分之一。M65 原子炮的安全系数不高，其爆炸辐射范围大于自身射程，炮手极有可能身亡。

美国 / 加拿大 "巴巴多斯" 大炮

"巴巴多斯"大炮是加拿大火炮设计师吉拉德·布尔于 20 世纪 60 年代研制的 424 毫米的超级火炮，因其试验场位于加勒比海的巴巴多斯岛而得名。

结构解析

20 世纪 60 年代中期，吉拉德·布尔在巴巴多斯岛上建立了一个试验场，开始设计一种能够发射人造卫星的超级大炮，代号为"高空飞行研究计划"（High Altitude Research Project，HARP）。为了节省研制时间，吉拉德·布尔将美国海军的 2 门口径为 406 毫米的战列舰主炮，头尾对焊起来，同时增加炮管支撑桁架，最后制造出 1 门长达 36 米的巨炮。为进一步增加射程，吉拉德·布尔还设计了专用的火箭增程弹。

作战性能

"巴巴多斯"大炮曾以 2100 米 / 秒的初速将 190 千克的炮弹发射到 180 千米的太空，这项世界纪录至今未被打破。1976 年，"巴巴多斯"大炮因为种种原因被美国、加拿大两国政府和军方放弃。

美国"龙火"迫击炮

  "龙火"（Dragon Fire）迫击炮是美国海军陆战队装备的口径为 120 毫米的迫击炮，通过遥控发射，并具有行进间射击能力。

结构解析

  "龙火"迫击炮由法国 2R2M 式口径为 120 毫米的滑膛迫击炮和专门设计的发射平台组成。它是一个完全模块化的系统，可以安装到装甲车上，也可作为牵引火炮使用。火炮无须人工操作，全炮由位于一定距离的发射平台的单兵遥控发射，也可根据射击指令信号自动受领任务、计算射击诸元、瞄准、装填弹药和击发。

作战性能

  "龙火"迫击炮实现了自动化指挥，战术灵活性和适用性都很好。它可由 CH-53E 直升机和 MV-22 倾转旋翼机运载。着陆后，炮手在一分钟之内就能使"龙火"迫击炮转入战斗状态。只要地形相对平坦，士兵就可充分利用"龙火"的弹道计算机系统的先进功能，结合车载陀螺仪来稳定武器。

美国"小大卫"迫击炮

"小大卫"（Little David）迫击炮是美国在"二战"时期制造的914毫米的超大口径迫击炮，主要用来测试炸弹。

结构解析

"小大卫"迫击炮的口径比德国"古斯塔夫"超重型列车炮还大，使用两部拖拉车运送，需要准备12小时才能进入发射状态。由于发射时需要安装在一个三合土（由石灰、黏土和细沙组成）战壕里面，因此"小大卫"迫击炮不能算作可移动大炮。

作战性能

当时，美国预测会在日本本土遇到极强的防御工事，因此建造了"小大卫"攻击用迫击炮。该炮射程9～10千米，弹体重量约1.6吨。不过，"小大卫"迫击炮未能在战争结束前投入实战。相比于射程约40千米、弹体重量7.1吨的"古斯塔夫"列车炮，"小大卫"迫击炮的战略价值并不高。

美国 M28/M29 核火箭筒

M28/M29 核火箭筒（又称无后坐力炮）是美军在冷战时期装备的小型核武器，发射 M388 "大卫·克洛科特" 核弹，其名称是为纪念美国众议员和民间英雄大卫·克洛科特。从 1956 年开始，美国共制造了 2100 枚 M388，1961—1971 年装备美国陆军。

结构解析

M28/M29 核火箭筒用于在欧洲战场对付庞大的苏军装甲集群，它所发射的 M388 核弹使用 W54 核弹头（重约 23 千克），可选择 10 吨或 20 吨当量的设定。

作战性能

M388 有两种发射器：120 毫米口径的 M28 射程约 2 千米，155 毫米口径的 M29 射程约 4 千米。M28/M29 却被称为 20 世纪 "最愚蠢的武器"，一般认为若没有合适的防御掩体，M28/M29 的发射组员不太可能在发射 1 枚 M388 后存活，因为这种武器的杀伤范围大于它的射程。

美国 M270 多管火箭炮

M270 多管火箭炮（Multiple Launch Rocket System，MLRS）是北约国家的制式自行火箭炮，1983 年开始服役。英军戏称其为"平方千米清除系统"，因为它发射的弹药能够完全轰击 1 平方千米的范围。

结构解析

M270 多管火箭炮由发射车和弹药补给车两部分组成，其中发射车由 M2 履带式步兵战车底盘改装，前部为驾驶兼发射控制室，成员 3 人。后部为发射装置，用铰链固定在转盘上。发射装置为箱体式结构，分隔成 2 个弹舱，每舱装 6 个发射管，每管装 1 枚火箭弹。

作战性能

M270 多管火箭炮采用模块化技术，机动性和防护性能较好，火力密集且精度颇高，尤其还具备发射陆军战术导弹的能力，被西方各国认为是最好的火力支援系统。M270 多管火箭炮装有无线电台、导航定位仪和火控计算机等，可在 60 秒内发射 12 枚火箭弹，对 6 个以上目标瞄准射击。

美国"复仇者"防空导弹系统

　　"复仇者"防空导弹系统（Avenger Air Defense System）是美国研制的近程低空防空系统，是美军第一种能在行进间发射的防空导弹系统。

结构解析

　　"复仇者"系统主要以"悍马"装甲车为武器系统机动平台，但也能在一个独立的装置中操作或在多种军用车辆上安装。武器系统主要由陀螺仪 - 稳定导弹发射转塔、标准车辆安装发射装置、敌我识别器、前视红外瞄准具、光学瞄准具和近防机枪构成。发射装置为八联，控制塔两侧各四联，呈箱形对称分布于控制塔两侧，主要发射"毒刺"防空导弹。

作战性能

　　"复仇者"系统的抗红外干扰能力强，并具有全方位攻击能力，不但可尾追攻击，还可迎击攻击。"复仇者"系统体积小，运输非常方便，C-130运输机一次可运载3套"复仇者"系统或5具发射装置。"复仇者"也可使用其他导弹系统，如法国"西北风"防空导弹等。

美国 MIM-104 "爱国者" 地对空导弹

MIM-104 "爱国者"（MIM-104 Patriot）地对空导弹是美国研制的全天候、全空域防空导弹武器系统，1985 年装备部队。

结构解析

"爱国者"导弹采用四联装发射箱，箱体为长方形，有多道垂直于射向的加强箍，前方由液压杆支撑，发射角为 38 度。导弹采用正常气动布局，头部呈尖卵形，没有弹翼，控制翼面呈十字形配置，位于弹体底端，前缘后掠，后缘平直。

作战性能

"爱国者"导弹能在电子干扰环境下拦截高、中、低空来袭的飞机或巡航导弹，也能拦截地对地战术导弹。它能对付多个目标，具备一定的抗毁和攻击能力。1 个导弹火力单元可同时监视 100 个目标，8 枚导弹拦截多个目标。"爱国者"导弹系统的自动化程度高，1 部相控阵雷达可以完成目标搜索、探测、跟踪、识别以及导弹的跟踪制导和反干扰任务，射击反应时间仅 15 秒。

美国战区高空防御导弹

战区高空防御导弹（Terminal High Altitude Area Defense，THAAD）是美国洛克希德·马丁公司研制的导弹拦截用导弹，属于国家导弹防御系统的加强一环，主要目的是取代"爱国者"导弹。

结构解析

战区高空防御导弹以发射车 1 组 10 枚方式部署，拥有比海基"标准"Ⅲ型导弹更强大的拦截能力。导弹由一级固体火箭和 1 个动能杀伤拦截器组成，全长 6.17 米，起飞重量 800 千克。导弹采用推力偏向弹头以 2500 米 / 秒的速度飞向目标予以击毁，并由红外线追热装置修正最后航向。

作战性能

战区高空防御导弹强化了国家导弹防御系统和战区导弹防御系统的功能，其最大射程 200 千米，可在 40 ～ 150 千米的高度拦截导弹弹头。战区高空防御导弹采用动能直接碰撞杀伤模式摧毁来袭导弹或弹头目标，来袭的核、生、化弹头在受到拦截时不会发生爆炸，因此不会对美国防御地带造成污染。

美国 MGM-140 陆军战术导弹

MGM-140 陆军战术导弹是美国陆军现役最先进的近程、单弹头弹道导弹，1991 年开始服役。可用于打击纵深集结部队、装甲车辆、导弹发射阵地和指挥中心等。

结构解析

MGM-140 导弹为单级固体火箭推进的弹道导弹，采用以环形激光陀螺为基础的捷联惯性制导系统，虽具有多种型号，但各型导弹的弹体结构、发动机类型却基本相同。MGM-140 导弹的弹体短粗，弹尾一组控制面，共4 片，形状特殊，后缘的翼尖有切角，整体呈不规则五边形。

作战性能

MGM-140 导弹使用简单，可利用美军现役的 M270 多管火箭炮进行发射，两个发射箱各装 1 枚导弹。导弹的装运箱可快速拆卸。一次可单独运载 2 枚导弹，或运载 1 枚导弹和 6 枚火箭弹。使用时，无须另外的操作员、发射架和其他设施。MGM-140 导弹的射程达 124 千米，可实施精确打击。

美国 M22 "蝉"式空降坦克

M22 "蝉"式（Locust）空降坦克是美军在"二战"时期研制的一款能够从运输机上降落快速突击敌军后方的轻型坦克，也是世界上第一款能够进行空降的坦克，为以后的空降坦克发展奠定了基础。

结构解析

M22 坦克的战斗全重为 7.72 吨，乘员 3 人，车长 3.94 米，车宽 2.25 米，车高 1.84 米，算得上是小巧玲珑。炮塔为铸造均质钢装甲炮塔，四周的装甲厚度 25 毫米。车体为轧制钢装甲焊接结构，正面装甲最厚处 25 毫米，其余部位 10 ～ 13 毫米。

作战性能

M22 坦克的机动性不错，但火力明显不足，防护力也较差，再加上空运麻烦，这种先天性的缺陷，使它很难完成突袭任务。该坦克的主要武器包括 1 门 M6 型 37 毫米口径的火炮和 1 挺 7.62 毫米口径的同轴机枪，车前还有 2 挺 7.62 毫米口径的航向机枪。M6 型 37 毫米火炮的高低射界为 -10 度到 +30 度，方向射界 360°，主要弹种为钨合金穿甲弹，弹药基数 50 发。

美国 M60 装甲架桥车

M60 装甲架桥车是美国在 M60 "巴顿" 主战坦克的基础上改造的装甲架桥车，1967 年开始服役。

结构解析

M60 装甲架桥车由 M60 主战坦克去掉炮塔和全部武器装置后改装而成，该车前端有一套架设机构，后部装有系紧装置的支承架，用以运输时支撑折叠桥体。桥体用铝合金制造，采用液压装置，折叠后放于车辆上方。

作战性能

M60 装甲架桥车的架设机构采用液压操纵，动力来自架桥车发动机驱动油泵提供的液压。架设过程与一般的剪刀式桥相同，架桥时间 3 分钟，可从任意一端撤收。根据地面条件不同，撤收的时间 10 ～ 60 分钟。M60 装甲架桥车的桥体总长 19.2 米，可跨越的沟渠宽度 18.29 米，最大载重量约 54 吨。

俄罗斯 2B9 迫击炮

2B9 迫击炮是苏联于 20 世纪 60 年代研制的口径为 82 毫米的迫击炮，其结构与一般迫击炮的区别较大，且爆发射速可以达到惊人的 2 发 / 秒。

结构解析

与一般迫击炮相比，2B9 迫击炮的结构颇具特色，它从炮尾装填，取消了座板，带有反后坐装置，还有一个与牵引火炮相同的大架和双轮炮车，外形酷似榴弹炮。该炮采用弹匣自动供弹，4 发炮弹的弹匣装入身管右侧靠近炮耳轴处的输弹槽，炮弹自动输入炮膛。

作战性能

2B9 迫击炮的高低射界从 −1 度到 +85 度，既可平射坦克，也可曲射碉堡。该炮的炮管中部装有冷却室，中间填满冷却水，冷却水的设计使其拥有 30 分钟内 300 发的持续射击能力。除牵引外，2B9 迫击炮还可装在各种车辆上载运。发射时自动从车上卸下，在地面发射；发射后再用机器装到车上，以便迅速转移到另一个射击位置。2B9 迫击炮的缺点在于系统重量大、弹丸威力小、精度差、散布大、射程近等。

俄罗斯 2K22 自行防空系统

　　2K22 自行防空系统是苏联研制的新型弹炮结合型自行防空系统，也是世界上第一种正式装备的弹炮一体化防空武器系统，绰号"通古斯卡"（Tunguska）。

结构解析

　　"通古斯卡"采用 GM-352M 型履带式底盘，车体为钢装甲焊接结构。变速箱为液力机械式，每侧 6 个双轮缘负重轮、3 个托带轮，主动轮在前，诱导轮在后，悬挂装置为扭杆式。车内还有燃气轮机辅助动力装置、三防装置、陀螺仪导航系统、自动灭火抑爆装置和加温供暖装置等。

作战性能

　　"通古斯卡"是一种新概念的防空系统，其火力覆盖了整个中低空防空空域。火炮武器是 2A38 型 30 毫米口径的双管高炮，采用电击发。2 门火炮交替射击，可以相互补偿后坐，减小后坐力。在炮塔两侧配有 8 枚 9M311 型防空导弹，发射筒为双排配置，可以单独俯仰操纵。9M311 导弹可打击飞行高度在 3500 米以下、距离在 800 米以内、速度在 500 米 / 秒以下的空中目标。

俄罗斯"喀秋莎"火箭炮

　　"喀秋莎"火箭炮是苏联在"二战"时期大规模生产和使用的自行火箭炮。相较于其他火炮，"喀秋莎"能迅速将大量炸药倾泻于目标地点，并在遭到反攻炮火前迅速离开。

结构解析

　　"喀秋莎"火箭炮由汽车和发射部分组成，汽车部分通常是美国援助的雪佛兰 G7100 卡车，或苏联自行生产的吉斯 6 型和吉斯 151 型卡车等。卡车底盘的后部有两个手动的千斤顶，发射时炮手要把它放下，以保证发射平台的稳定。发射装置位于驾驶室中，由炮长操作。

作战性能

　　"喀秋莎"火箭炮共有 8 条发射滑轨，一次齐射可发射口径 132 毫米的火箭弹 16 发，最大射程 8.5 千米，既可单射，也可部分连射，或者一次齐射，装填一次齐射的弹药约需 5 ～ 10 分钟，一次齐射仅需 7 ～ 10 秒。该炮射击火力凶猛，杀伤范围大，是一种大面积消灭敌人密集部队、压制敌火力配系和摧毁敌防御工事的有效武器。

俄罗斯"龙卷风"火箭炮

"龙卷风"（Smerch）火箭炮是苏联研制的多用途重型自行火箭炮，1989 年开始服役。这种火箭炮是目前世界各国已列装的自行火箭炮中射程最远、威力最大、精度最高的一种。

结构解析

"龙卷风"火箭炮由 MA3-543 重型轮式卡车装载 12 管 300 毫米口径的火箭筒，内有射击指挥电脑，可独立实施射击任务。"龙卷风"火箭炮可以使用多种弹药，包括普通火箭弹、子母弹头、反战车地雷等，甚至有专门设计的无人侦察机型火箭。"龙卷风"火箭炮还配有供弹车，一次能携带 14 枚火箭弹。

作战性能

"龙卷风"火箭炮的最大射程达 90 千米，改进型可达 120 千米。一次 12 管齐射只需 38 秒，重新装弹时间 20 分钟。杀伤子母弹内装 72 枚直径 80 毫米的预制破片子弹药，每个子弹药内含用于杀伤人员的 0.8 克破片 300 个、能穿透 10 毫米的轻型装甲的 4.5 克破片 100 个。"龙卷风"火箭炮一次齐射能抛出 864 枚子弹药，覆盖面积达 0.67 平方千米。

俄罗斯 TOS-1 自行火箭炮

　　TOS-1 自行火箭炮是在 T-72 主战坦克基础上研制的大口径、多管数、大威力自行火箭炮，但它与著名的"喀秋莎"火箭炮完全不同，其正确名称应是"自行式多管喷火系统"。

结构解析

　　TOS-1 火箭炮的总重量为 42 吨，有 3 名乘员，由于采用 T-72 主战坦克的底盘，其防护性能十分优良。TOS-1 装有 1 个带装甲防护和先进火控系统的双人武器站，它通过电动方式实现任意旋转升降，其武器系统为 24 管 220 毫米口径的火箭发射器，分三层排列，可装纵火弹头和空气燃烧弹头。

作战性能

　　与常规喷火器不同，TOS-1 不直接喷射已经点燃的高能液态燃料，而是将高能燃料放在火箭弹体内进行发射，在到达目标上空时将三乙基铝或高能燃料的混合物喷洒到目标范围内。这种三乙基铝或高能燃料的混合物无须点燃，遇空气就着。由于是一种有机金属化合物的氧化反应，燃烧时能释放极高的热量，瞬间就可以将一定空域范围内的氧气消耗殆尽，形成缺氧的环境。

俄罗斯 R-36M 洲际弹道导弹

R-36M 洲际弹道导弹是苏联于 20 世纪 60 年代制造的陆基洲际导弹，北约代号为 SS-18 "撒旦"（Satan），堪称有史以来最强的洲际导弹。

结构解析

R-36M 导弹被设计为携带分导式多弹头或单弹头的二级导弹，导弹一级的 4 个发动机为整体的总成系统，将二级火箭发动机完全浸入推进剂箱，使之融为一体。R-36M 导弹采用了级间气体分离技术（推进剂储箱化学增压技术），这样就不必采用专门的制动发动机，并且简化了增压系统设备。

作战性能

R-36M 导弹本身就是为打击发射井等加固目标而设计的，因此一开始就将大威力作为目标。其有效载荷近 9 吨，即使今天的运载火箭也少有能及。巨大的推力使其可以携带更大、更多的核弹头，R-36M 单弹头型的威力曾达到 2500 万吨 TNT 当量，相当于 1600 多个在广岛爆炸的原子弹。多弹头型可以携带 10 个 50 万吨当量的核弹头。

俄罗斯 SS-24 洲际弹道导弹

SS-24 洲际弹道导弹是苏联于 20 世纪 70 年代初开始研制的洲际弹道导弹，绰号"手术刀"（Scalpel），以铁路机动方式部署。

结构解析

SS-24 导弹采用发射井布置和铁路机动布置的方式，是世界上第一种以铁路机动方式部署的陆基洲际弹道导弹，也是世界上第一种以铁道列车作为陆基弹道导弹系统。SS-24 导弹采用惯性加星光修正的制导方式，对提高导弹的打击精度十分有效。

作战性能

SS-24 导弹具有命中精度高、弹头威力大、可机动发射，还可以逃避对方探测与监视等特点，是一种有效地打击硬目标的战略核武器。SS-24 导弹是分导式多弹头导弹，可携带 10 枚 35 万吨级的核弹头。该导弹最初部署在地下，后为了进一步提高其自下而上的能力，改在铁路发射车上实施机动发射。

俄罗斯 SS-25 洲际弹道导弹

SS-25 洲际弹道导弹是苏联研制的洲际战略弹道导弹，绰号"白杨"，是世界上第一种以公路机动部署的洲际弹道导弹。

结构解析

SS-25 导弹最初开发时为单弹头，后改进可携带多弹头。采用三级固体火箭发动机，在地下发射井可进行热发射，在地面可用轮式车辆在预先准备好的公路上实施机动发射。导弹平时储存在带有倾斜屋顶的房屋里，接到命令后由运输起竖发射车将导弹运送到野外发射阵地上进行发射，紧急情况可打开房顶盖，直接从房子里把导弹竖起发射。

作战性能

SS-25 导弹于 1985 年开始服役，截至 2017 年 5 月仍在俄罗斯军中服役，已大大超过其最初设计使用寿命。这种导弹可携带 1 枚或多枚分导弹头，射程超过 1 万千米，飞行速度快，并能作变轨机动飞行，具有很强的突防能力。

俄罗斯 T-35 重型坦克

T-35 重型坦克是苏联在两次世界大战期间设计，在苏德战争初期使用的多炮塔重型坦克。它是世界上唯一有量产的五炮塔重型坦克，也是当时世界上最大的坦克。

结构解析

T-35 坦克的战斗全重为 50 吨，乘员多达 11 人。虽然从外观上看 T-35 的体型巨大，但内部极为狭窄且多隔间。T-35 坦克有 5 个独立的炮塔（含机枪塔），分两层排列。

作战性能

T-35 坦克的主炮塔是最顶层的中央炮塔，装 1 门 76 毫米口径的榴弹炮，携弹 90 发，另有 1 挺 7.62 毫米口径的机枪。下面一层有 4 个炮塔和机枪塔：2 个小炮塔位于主炮塔的右前方和左后方，各装 1 门 45 毫米口径的坦克炮和 1 挺 7.62 毫米口径的机枪；两个机枪塔位于左前方和右后方，各装 1 挺 7.62 毫米口径的机枪。3 门火炮、5 挺机枪，在 20 世纪 30 年代堪称是火力超群的"陆上战舰"，然而多炮塔坦克的机动力低下和不可靠在实战中被充分体现出来。

俄罗斯 1K-17 激光坦克

1K-17 激光坦克是苏联在冷战时期研发的一种路基车载激光武器，后来由于苏联解体而未能真正服役，最终以冷战产物的身份在 2010 年俄罗斯"武器技术博物馆"的展览上亮相，引起轰动。

结构解析

在 1K-17 激光坦克的试验过程中，苏联研究人员曾将激光武器系统装在两种不同的履带上，以便考察它的通过性能以及战场条件下的稳定性和适应性。

作战性能

1K-17 激光坦克专门设计用来对付敌方飞行员，使他们失明，同时会干扰敌方战机的电子仪器使其失去作战能力。由于某种原因，虽然 1K-17 激光坦克交付部队并进行了相关试验，但没有批量生产，两种原型车都只生产了 1 台。

俄罗斯 OT-34 喷火坦克

OT-34 喷火坦克是苏联在 T-34 重型坦克的基础上研制的喷火坦克，1944 年首次投入使用。

结构解析

OT-34 喷火坦克大多在 T-34/76 坦克（1943 年型）的基础上改造而来，安装了 ATO-42 型喷火器和能容纳 200 升燃料的燃料箱，取代了原有的车首机枪、弹鼓架、氧气瓶等。

作战性能

OT-34 喷火坦克装备的 ATO-42 型喷火器能够每 10 秒喷火 4 ～ 5 次，每次喷火使用燃料 10 升，喷射距离 60 ～ 100 米。这些喷火坦克通常装备在坦克军附属独立大队执行特殊任务。作战时，通常由 2 辆 OT-34 喷火坦克和一辆伴随支援的 T-34 坦克混编。苏军将喷火坦克用于对德军进行巷战和对德军地堡进行火力强击，给德军造成大量伤亡，同时也给德军士兵带来了巨大的心理威慑。

俄罗斯 KV-8 喷火坦克

KV-8 喷火坦克是苏联在 KV-1 重型坦克的基础上改造的喷火坦克，1942 年开始批量生产。

结构解析

苏联最初设想是用喷火器替换 KV-1 坦克原来炮塔的同轴机枪，但炮塔空间难以同时容纳 76.2 毫米口径的坦克炮和 ATO-41 型火焰喷射器。于是采取折中方案，把主炮换成了 1932 年型 45 毫米口径的反坦克炮。为了迷惑敌人，在较细的 45 毫米炮管外加了特制套管，伪装成 76.2 毫米口径的坦克炮。

作战性能

KV-8 喷火坦克携带的喷射燃料比 T-34 坦克改进而来的 OT-34 喷火坦克更多，它携带的 960 升燃料可以供 107 次短喷射，或 3 次长喷射。KV-8 喷火坦克同 OT-34 喷火坦克被编入独立喷火坦克营，苏军叫作化学坦克营。每个营编有 2 个 KV-8 坦克连（装备 10 辆 KV-8 坦克）和 1 个 OT-34 坦克连（装备 10 辆 OT-34 坦克，以及 1 辆指挥型 OT-34 坦克）。

俄罗斯 PT-76 两栖坦克

　　PT-76 两栖坦克是苏联军队于 20 世纪 50 年代初期开始装备的两栖坦克，主要用于侦察、警戒和指挥，也可作为登陆部队夺取滩头阵地时的火力支援。

结构解析

　　PT-76 两栖坦克的战斗全重为 14 吨，车体由钢装甲焊接而成。车内分三个部分，驾驶室在前，战斗室居中，动力舱在后。总体上看，PT-76 坦克的最主要特征是车体相对庞大（与轻型坦克相比），装甲较薄。这是为保持良好的水上性能所必需的。

作战性能

　　PT-76 坦克的主要武器为 1 门 76 毫米口径的火炮，可发射穿甲弹、破甲弹、榴弹和燃烧弹，弹药基数 40 发。辅助武器为 1 挺 7.62 毫米口径的并列机枪，部分车上还有 1 挺 12.7 毫米口径的高射机枪。根据计算和实测，PT-76 坦克的浮力储备系数为 28.1%，而一般的两栖坦克的浮力储备系数为 20% ～ 30%，说明 PT-76 坦克的适航性相当好。

俄罗斯 BMR-3M 装甲扫雷车

　　BMR-3M 装甲扫雷车是俄罗斯在 T-90 主战坦克底盘基础上研制而成的，但对车体作了适当改动，使它的上部结构允许布置车辆乘员及扫雷操纵系统。

结构解析

　　BMR-3M 扫雷车的底甲板由不同厚度的装甲板与装甲板之间的特种填充材料构成的多层复合装甲组成，车体安装了爆炸反作用装甲，具有一定的防反坦克武器的能力。该车配备由 KMT-7 型滚筒／犁刀式扫雷器及电磁附加装置组成的综合扫雷装置，能在布有压力敏感地雷及炸底甲板地雷的雷场中开辟通道。车上配有 1 挺 12.7 毫米口径的高射机枪，并有 3 个射击孔。

作战性能

　　BMR-3M 扫雷车在扫雷时的速度为 12 千米／时，拆装 KMT-7 扫雷器及电磁附加装置所需时间为 3 ～ 3.5 小时。可涉渡 1 米深的水域，在装上潜渡设备后可渡过 5 米深、1000 米宽、2 米／秒流速的水域。BMR-3M 清除出的雷场通道宽度为 2×800 毫米，配备电磁附加装置时，通道宽度达4 米。

英国 M777 牵引榴弹炮

　　M777 牵引榴弹炮（M777 Towed howitzer）是英国于 20 世纪 80 年代中期研制的 155 毫米口径牵引榴弹炮，是世界上第一种在设计中大规模采用钛 - 铝合金材料的火炮系统，其重量是常规 155 毫米口径火炮重量的一半。

结构解析

　　M777 榴弹炮在结构设计上采用独特的几何结构，摇架以四个外伸的钛合金管组成，耳轴和 2 个铝质氮气筒都装在它的后部。该炮的炮架没有底板，行军时支撑在 2 个炮轮上。鞍形安装部由钛合金制成，蜗杆式高低机和结构简单的方向机都装在它的左侧，因此瞄准手在左侧进行操作瞄准。

作战性能

　　M777 榴弹炮具有轮廓低、生存能力强以及部署快等特点，因此它可在最具挑战性的战场环境中快速进入发射阵地。改进型 M777A2 能够发射 M982 "神剑"制导炮弹，射程达 40 千米，射击精度达 10 米以内。M777 榴弹炮的操作简单，反应迅速。虽然 M777 榴弹炮的编制是 9 人，但只要 5 人就可以在 2 分钟内完成射击准备。

英国"防御者"无人车

"防御者"（Defender）无人车是由英国艾伦公司研制生产的大型6轮独立直接驱动型无人地面车，主要用于排爆，也可执行侦察、监视、核生化装置的探测与处理等任务。

结构解析

"防御者"无人车的长度1.52米，宽度0.73米，高度1.15米，重量275千克（不带附件），主要部件使用强度高、质量轻的钛合金，车体以活动关节连接。该车可通过线缆操控，也可通过无线遥控，采用全向天线，控制半径可达2000米。

作战性能

"防御者"无人车的最大速度为3.2千米/时，具有原地转向能力，最大爬坡为45度，机械臂的最大伸展距离为2.5米（水平状态）、抓举能力为30千克（完全伸展）或75千克（机械臂收缩）。

英国"黑骑士"无人装甲车

　　"黑骑士"（Black Knight）无人装甲车由英国宇航系统公司研发的一款无人装甲车，是英国陆军"未来战斗系统"的重要组成部分。

结构解析

　　"黑骑士"无人装甲车的外观酷似一辆缩小的主战坦克。它采用传统布局，每侧 5 个负重轮的底盘，方方正正的堡垒形炮塔颇有英式装备的风格。由于无须载人，所以"黑骑士"无人装甲车并没有传统意义上的内部舱室，只有为维护及拆卸模块化设备而在车身的底盘、后部及上部预留的开口和舱室空间。

作战性能

　　"黑骑士"无人装甲车主要用于前沿火力侦察与监视等作战任务，炮塔正前方装备 1 门口径 30 毫米的"大毒蛇"链式机关炮和 1 挺并列机枪，采用自动装填和全电炮塔，发射过程中直径为 30 毫米的弹壳通过防盾前方的抛壳口抛出。

英国"丘吉尔鳄鱼"喷火坦克

　　"丘吉尔鳄鱼"（Churchill Crocodile）喷火坦克是英国在"丘吉尔"步兵坦克基础上改造的喷火坦克，1943年4月开始批量生产。

结构解析

　　"丘吉尔鳄鱼"坦克采用了坦克拖曳双轮燃料车的设计。拖车燃料携带量达1018升。由于拖车的影响，"丘吉尔鳄鱼"坦克的最大速度下降至21千米/时。为了避免全系统通过性降低太多，又专门设计了一整套复杂的连接装置。这种连接装置可以轻易拆开，当燃料用尽或情况紧急时乘员可丢弃拖车，继续用坦克上的75毫米口径的火炮作战。

作战性能

　　"丘吉尔鳄鱼"坦克的喷射速率达到21升/秒，具有很强的瞬间压制力。理论射程可达110米，战斗中理想的喷射距离则在75米左右。英国在"二战"期间共改装了约800辆"丘吉尔鳄鱼"喷火坦克，约占全部"丘吉尔"坦克产量的15%，相当可观。

法国 CAESAR 自行火炮

CAESAR（恺撒）自行火炮是法国研制的 155 毫米口径的轮式自行榴弹炮，由法国地面武器工业集团设计和生产，其突出标志是没有炮塔。

结构解析

CAESAR 自行火炮的结构简单、系统重量轻，具有优秀的机动性能。它射击时要在车体后部放下大型驻锄，使火炮成为稳固的发射平台，这是它与有炮塔的自行火炮的又一大区别。CAESAR 自行火炮搭载的 155 毫米口径的榴弹炮结构坚固，发射速度快，射程远且精度较高。

作战性能

CAESAR 自行火炮的最大优点就是机动性强。它的尺寸和重量都较小，非常适合通过公路、铁路、舰船和飞机进行远程快速部署。它可选用多种 6×6 卡车底盘，用户可自由灵活选择，而最常用的是乌尼莫克 U2450L 底盘。CAESAR 自行火炮可协同机动部队快速作战，在公路上的最大速度达 100 千米 / 时，最大越野速度 50 千米 / 时。它能够快速进入作战地区，在 3 分钟内停车、开火和转移阵地。

法国 Vespa 150 TAP 摩托车大炮

Vespa 150 TAP（法语 Troupes Aéro Portées 的简称，意为"空中便携式载具"）摩托车火炮是法国军队于 20 世纪 50 年代设计制造的反坦克轻型载具，以意大利摩托车制造商比雅久旗下的伟士牌（Vespa）摩托车为载体。

结构解析

Vespa 150 TAP 在伟士牌摩托车上加装了 1 门 75 毫米口径的 M20 型无后坐力炮，与普通的 75 毫米口径的反坦克炮相比，M20 型无后坐力炮的威力更小，但还是可以击穿 100 毫米厚的装甲。

作战性能

Vespa 150 TAP 摩托车大炮在 1956 年时正式装备了法军的空降部队，1 个小组有 2 名伞兵和 2 辆摩托车，有经验的小组甚至能够一边开车一边开炮。Vespa 150 TAP 曾参加法军在阿尔及利亚的军事行动，但实战效果不佳。该车的防护性很差，火炮的再装填也是问题，所以在战争中起到的作用十分有限。

德国"古斯塔夫"列车炮

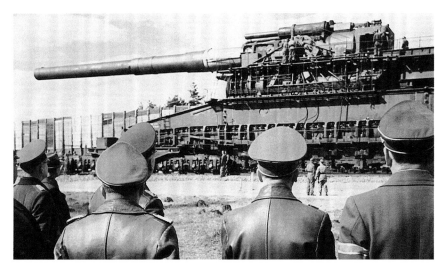

　　"古斯塔夫"列车炮是德国克虏伯公司在"二战"时期研制的超重型火炮,其设计目的是为前线部队提供曲射支援火力,击毁当时仍然为各国陆军视为防御主干的大型要塞与巨型碉堡。

结构解析

　　为追求强大的破坏力,"古斯塔夫"列车炮的口径达 800 毫米,重 1344 吨。它的炮管长 32 米,火炮在战斗状态的全长达 53 米,高度 12 米。克虏伯公司为其专门设计了 3 辆构造特别的巨型运输列车,到达阵地后,必须先用 2 台巨型起重机吊装底座,然后再安装炮架、炮管和装弹机构。

作战性能

　　"古斯塔夫"列车炮是人类有史以来口径最大的可移动(膛线)大炮,它发射的炮弹大得惊人,足有 7 米长,重达 7 吨。"古斯塔夫"列车炮可将这种炮弹投射到 37 千米以外。由于体积巨大,"古斯塔夫"列车炮必须由将近 1 个营约 250 人以 3 个工作日的时间组装起来,另外将近一个旅大约 2500 人负责铺设铁轨,以及支援空防或其他勤务,才能够开始进行炮弹射击。

德国 K5 列车炮

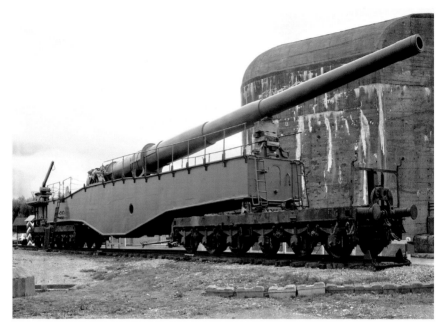

K5 列车炮是德国克虏伯公司在 20 世纪 30 年代研制的 283 毫米口径列车炮，1936 年开始服役，在"二战"中参加过多场战役。

结构解析

K5 列车炮的整个炮身结构由前后两辆板车来承担，板车设计特殊，拥有 6 轴车轮，每轴车轮可以承载 18 吨重量。整部列车炮由火车头、乘员车厢、补给车厢、弹药车厢构成。

作战性能

K5 列车炮的设计简洁，拥有高效率的弹药搬运设备以及精密的装弹机构，加上细长的炮身，使其赢得了"苗条的贝莎"的昵称。早期的 K5 列车炮有个设计上的先天缺点——炮管内膛线咬合状况不良，导致经常出现膛炸问题，之后换装了新膛线炮管。在战场上，K5 列车炮可以直接在铁道上进行射击，也可以在特殊设计的铁道旋转盘上进行射击。

德国 "卡尔" 臼炮

　　"卡尔"臼炮是德国在"二战"时期制造的超重型火炮,从 1940 年 11 月到 1941 年 8 月,德国莱茵金属公司共建造了 6 门"卡尔"臼炮,并分别起名为"亚当""爱娃""多尔""奥丁""洛奇"和"迪沃"。

结构解析

　　"卡尔"臼炮的总重量为 124 吨,可借由自身履带进行短距离移动以进行炮位与射角回旋调整。为了不受火炮后坐力影响而频繁地进行炮位调整,"卡尔"臼炮利用液压悬吊降低车身到贴地的高度,以增加稳定性。

作战性能

　　"卡尔"臼炮的移动速度很慢,车体仅能达到 10 千米 / 时的速度。因此,长距离转移时仍依赖火车运输。该炮共需 16 个人操作,装弹前要先将炮管放平进行填装;炮管最大仰角 70 度,左右回旋角各 2.5 度。在战斗状态,"卡尔"臼炮每小时可以射击 6 ～ 12 次。

德国"哥利亚"遥控炸弹

　　"哥利亚"遥控炸弹（Goliath tracked mine）是德国在"二战"期间研制的一种破坏用遥控炸弹，可炸毁敌方坦克、建筑物或桥梁，也可以打乱队形密集的步兵。1942 年春季开始，"哥利亚"遥控炸弹在东西两条战线均有使用，主要装备专门的装甲部队和战斗工兵单位。

结构解析

　　"哥利亚"遥控炸弹可携带约 60 千克炸药，该车可由 1 个遥控操纵杆控制。操纵箱由 3 根电缆连接，2 条控制行驶，1 条引爆。每个"哥利亚"遥控炸弹都有长达 630 米的电缆。早期的"哥利亚"遥控炸弹由电动马达驱动，但由于所有遥控炸弹都是一次性用品，造价极为昂贵，因此德国后来采用了结构上更简单、更为可靠的汽油发动机。

作战性能

　　总体来说，"哥利亚"遥控炸弹被认为是不成功的武器，主要原因是成本高、速度慢、无法跨越较大的路沟、电缆非常脆弱等。不过，"哥利亚"遥控炸弹促进了"二战"后远程遥控车辆技术的进步。

德国三号喷火坦克

三号喷火坦克是德国在三号中型坦克的基础上改造而成的喷火坦克，"二战"中主要用于东线战场上的城市巷战。

结构解析

三号喷火坦克在拆除了三号中型坦克炮塔上安装的 50 毫米口径的坦克炮后，取而代之以 14 毫米口径的喷火管，并在其外面套有 1 根长度为 1.5 米、粗细与原先炮管相似的钢管，炮塔上的 1 挺 7.92 毫米口径的 MG34 同轴机枪被保留。由于火焰喷射器安装在炮塔上，因此拥有了 360 度的转向能力，俯仰射界为 –10 度到 +20 度，车长指挥塔前部的观察口为其提供了视野。

作战性能

三号喷火坦克车体内的两个燃料罐总共可以容纳 1020 升喷射燃料，足够进行 125 次 1 秒钟时间的短喷射或 80 次 3 秒钟时间的长喷射。三号喷火坦克的最大喷火距离为 60 米，喷射速率为 7.8 升 / 秒。

德国"鼠"式重型坦克

　　"鼠"式（Maus）重型坦克是德国在"二战"末期研制的超重型坦克，共有2辆原型车问世。该坦克是有史以来最重的坦克，战斗全重达188吨，至今该纪录仍然没有被打破。

结构解析

　　"鼠"式坦克的一号原型车装有炮塔，内有1门128毫米口径的火炮和1门并列的75毫米口径的火炮，动力装置为MB509汽油机，车体表面涂有三色迷彩。二号原型车没有安装炮塔，动力装置为MB517柴油机，车体表面涂有两色迷彩。

作战性能

　　"鼠"式坦克的火力强大，防护坚固，但是它极差的机动能力几乎只能在原地作为固定的火力点，而且生产得比较晚，数量也很少，根本无法挽救纳粹德国灭亡的命运。"鼠"式坦克的2辆原型车在德国投降前并没有参加最后的战斗，在苏军最后攻克柏林前，德军把这两辆原型车全都炸毁了。苏军在战后将缴获的车体部件拼凑成1辆完整的"鼠"式坦克。

德国"野猪"装甲扫雷车

　　"野猪"装甲扫雷车是德国于 20 世纪 80 年代后期研制的装甲扫雷车，使用美国 M48"巴顿"坦克的底盘。

结构解析

　　"野猪"装甲扫雷车采用美制 M48 坦克的铸钢车体，具有一定的防护能力。它的扫雷器具与液压机械传动装置匹配，扫雷框架在扫雷时转到车首前方能自动支撑锁定。在液压驱动的扫雷器轴上有钢链悬挂着 24 个扫雷具，每个扫雷具重 15 千克，碰到障碍时，或"踏上"击毁，或将其"踢"出。扫雷时行进速度可根据地面阻力进行自动控制。

作战性能

　　"野猪"装甲扫雷车的试验样车曾经进行 1000 千米左右的越野和公路行驶试验，通过试验雷区时，扫除了炸履带、炸车底装甲等 54 枚不同种类的反坦克地雷，开辟了约 25 千米长的通道，而自身复杂的技术装备没有一件受到损坏。"野猪"装甲扫雷车在公路行驶的最大速度 50 千米 / 时，最大行程 350 千米，所以能直接伴随装甲机械化部队机动作战。

德国"海狸"装甲架桥车

"海狸"装甲架桥车是由德国克罗克纳·霍姆伯特·道依茨公司研制的装甲架桥车，1975 年开始服役。

结构解析

"海狸"装甲架桥车的车体基本与"豹"1 型主战坦克相同，具有相当的机动性、防护力和大部分相同的部件。桥体用铝合金制成，桥的长度 22 米，桥体分两节，双层固定在车上。"海狸"装甲架桥车的架设过程采取半自动操纵，全部动作都可以通过机械操纵的控制阀由液压系统完成，电控限制开关能准确地终止每个架桥动作，从而达到整个架设过程的半自动化。必要时还可手动操纵。

作战性能

"海狸"装甲架桥车能保障 50 吨级的装甲战斗车辆和其他技术装备通过 20 米的壕沟或河川，在紧急情况下也可通过 60 吨级的车辆。"海狸"装甲架桥车的优点是架桥时桥体水平伸出，可伸缩式悬架从桥内伸出，使桥体始终水平地向前伸展，为在不利地形条件架桥创造良好的隐蔽性，这种桥可架在有 10% 坡度的地面上，对岸可比架设端（近岸）高或低 2 米。

以色列"守护者"无人车

　　"守护者"（Guardium）无人车是以色列研制的轮式无人车，目前已在以色列军队服役。

结构解析

　　"守护者"无人车采用模块化设计，可选装光电／红外摄像机、遥控武器系统、电子对抗设备、敌方火力指示器、射频识别装置等有效载体和各种无线通信系统，并且根据任务的变化，在短时间内换装一种或多种任务模块，以满足作战中执行清障、排爆、武装岗哨、后勤支援和伤员后送等不同任务的需要。

作战性能

　　"守护者"无人车可在机场、港口、军事基地、重要管线、边境线以及其他需要监视的地方执行巡逻任务，它具备全地形机动性、实时自主障碍探测与规避、遥控或者半自主控制、易于操作与指挥控制、内置问答机与瞄准等多种功能。

以色列"梅卡瓦"主战坦克

"梅卡瓦"（Merkava）坦克是以色列研制的一种主要侧重于防御的主战坦克，防护部分的重量占到整车重量的 75%，比其他坦克的 50% 要高出不少。

结构解析

"梅卡瓦"坦克的炮塔扁平，四周采用了复合装甲。车体四周也挂有模块化复合装甲，并在驾驶舱内壁敷设了一层轻型装甲，以加强驾驶员的安全。为了抵抗地雷袭击，底部装甲也进行了强化。此外，为增强坦克正面的防护力，"梅卡瓦"坦克还将发动装置前置。

作战性能

"梅卡瓦"坦克已经发展了 4 代，第一代"梅卡瓦"使用的主炮为 105 毫米口径的线膛炮，但从第三代开始换装了火力更强的 120 毫米口径的滑膛炮。该坦克炮可发射专门研制的新型穿甲弹以及炮射导弹。"梅卡瓦"坦克的辅助武器相比其他主流主战坦克多了 1 门 60 毫米口径的迫击炮，该迫击炮可收进车体，且能够遥控发射，主要用于攻击隐藏在建筑物后面的敌方人员。此外，该坦克还有 2 挺 7.62 毫米口径的机枪和 1 挺 12.7 毫米口径的机枪。

瑞典 S 型主战坦克

　　S 型坦克是瑞典陆军兵器局于 20 世纪 50 年代打破传统设计理念的一种无炮塔型主战坦克，固定式安装的火炮依靠车体的旋转和俯仰进行瞄准和射击。

结构解析

　　S 型坦克的总体布置独特，火炮固定在车体前部中心线上，车内发动机和传动装置前置，可对乘员起防护作用，中部是战斗舱，车后部放置弹药和自动装填装置。车长在战斗舱的右侧，位于坦克最高点，驾驶员兼炮长在左侧，其后面是机电员，两人背靠背就座。

作战性能

　　S 型坦克的主要武器是 1 门博福斯 105 毫米口径的 L74 式加农炮，火炮与坦克车体刚性固定，炮管不会发生颤动。L74 式加农炮可以发射穿甲弹、榴弹和烟幕弹，根据需要也可发射碎甲弹。脱壳穿甲弹的初速 1463 米 / 秒，有效射程 2000 米。榴弹的初速 730 米 / 秒，有效射程 5000 米。由于采用了液压操纵自动装弹机，省去一名装填手，且可增加火炮射速。

美国"猎豹"机器人

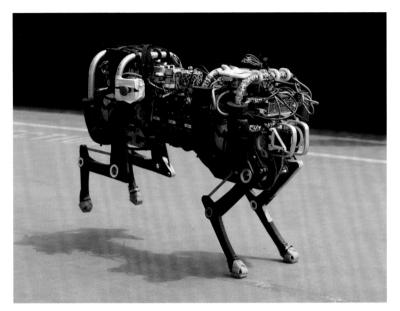

　　"猎豹"（Cheetah）机器人是美国波士顿动力公司研制的四足机器人，主要用于军事和人道主义援助，如急救和灾害响应等。

结构解析

　　"猎豹"机器人是一种四足机器人，身长 0.9 米，身高 0.6 米，具有灵活的脊椎和铰接式头部。这种机器人配备了一系列高科技装备，包括激光陀螺仪、照相机和随载计算机等。

作战性能

　　"猎豹"机器人能够冲刺、急转弯，并能突然急刹停止。不过，"猎豹"机器人的自主性较差，行动时需要人为介入。2012 年 3 月 7 日，"猎豹"机器人以 45 千米 / 时的成绩打破了有腿机器人的陆地步行速度最高纪录，成为速度最快的四足机器人。目前，"猎豹"机器人仍在继续改进，其奔跑速度也在逐步提升。"猎豹"机器人最终能够达到 113 千米 / 时的速度，媲美真正的猎豹。

美国"野猫"机器人

　　"野猫"机器人是美国波士顿动力公司研制的四足机器人，由"猎豹"机器人升级而来。

结构解析

　　"野猫"机器人身长 0.9 米，身高 0.7 米，重量为 90 千克。"野猫"机器人的四条腿能够进行伸缩，在加速时增加步幅。它由身下的梁架保持稳定，能在各种地形上奔跑和跳跃。由于体积更大，"野猫"机器人牺牲了一定的速度，最大速度只能到每小时 26 千米。

作战性能

　　"野猫"机器人能和"猎豹"机器人做出同样的动作，并且能够独立行动。"野猫"机器人能够同时使用四条腿来完成不同的动作，以便进行不同方式的奔跑，拐弯的时候能像摩托车转弯一样。

美国"斑点"机器人

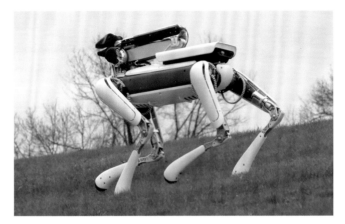

"斑点"（Spot）机器人是美国波士顿动力公司研制的四足机器人，其缩小版称为"迷你斑点"（Spot Mini）。

结构解析

"斑点"机器人发布时曾是波士顿动力公司体格最小的四足机器人，之后又出现了体格更小的"迷你斑点"。"斑点"机器人最明显的特征是头部带有视觉传感器，从外形上推测应是一款激光雷达传感器，它可以通过对路面环境进行检测，以实现在不平坦路面上的行进。"斑点"机器人使用电池供电，液压系统作为驱动设备。

作战性能

"斑点"机器人的腿部非常灵活，可以在室内和户外等地形自由运动。与其他波士顿动力公司的机器人类似，"斑点"机器人也是平衡大师。在测试中，它可以在波士顿动力公司的办公室自由漫步，可以在崎岖不平的路面上坡下坡，还可以陪着人小步慢跑。当面对人的飞来一脚时，"斑点"机器人也能在很短的时间内调整腿部步态，保持不倒，并最终恢复站立。虽然波士顿动力公司没有公布任何技术细节，但是明显可以看出，"斑点"系列机器人在静音方面做足了功夫，不会再像"大狗"机器人一样发出巨大的噪音。

美国"沙蚤"机器人

　　"沙蚤"（Sand Flea）机器人是美国波士顿动力公司研制的微型轮式机器人，主要用于在阿富汗战场上执行侦察任务，其特点是跳跃能力较强，能够跳过较高的墙壁，并在跳跃过程中拍摄和发送视频。

结构解析

　　"沙蚤"机器人的外形类似于小型地面无人车，其体积小、重量轻（5千克），轮式设计能很好地适应城市环境。这种机器人的设计难点在于着陆时的冲击力处理、控制不同地形的跳跃高度，以及避免着陆时翻滚等。

作战性能

　　"沙蚤"机器人能够轻松跨过多达30个障碍物，而这些障碍物的高度尺寸是其自身的40～60倍。"沙蚤"机器人的生产型将能够自主导航并跳过6米高的障碍物。在10米高的障碍物测试中，"沙蚤"机器人验证了跳跃移动的效率比通过悬停方式跨越高出几倍。因此，在采用等量燃料的情况下，"沙蚤"机器人可以完成更多的任务。

美国 RiSE 机器人

RiSE 机器人是美国波士顿动力公司研制的四足机器人，它是以壁虎为模仿对象的仿生机器人，主要用于攀爬，其能在搜索、救援、侦察、监视或检查等领域发挥重要的作用。

结构解析

RiSE 机器人身长 0.25 米，重量 2 千克。RiSE 机器人之所以能吸附在墙上，主要是因为它的每个吸力手上都有数百万根由人造橡胶制成的毛发，每根细毛的直径约 500 纳米，长度不到 2 微米，毛发和垂直表面分子之间会产生分子弱电磁引力，也叫"范德瓦尔斯力"，它可以使 RiSE 机器人吸附到垂直面上。

作战性能

壁虎拥有可以沿着垂直墙面爬行的优点和特性，在世界各国研制的壁虎机器人中，RiSE 机器人是较为成熟的产品。RiSE 机器人可以吸附在墙上行走，能够代替人类来执行反恐侦察、地震搜救等高难度任务，最大速度可达 1 千米 / 时。RiSE 机器人不仅能够飞檐走壁，当需要节约能量时，它还能在任意地点安静地休息。

美国 RHex 机器人

RHex 机器人是美国波士顿动力公司研制的六足机器人，主要用于沼泽地等不方便人类行走的环境执行侦察任务。

结构解析

RHex 机器人身长 0.51 米，身高 0.2 米，重量 6.7 千克，它有 6 条被设计成弯曲的弧状腿，外部还有防滑的凹凸橡胶。由于主体部分是全封闭结构，所以它可以在潮湿天气、多泥和多沼泽的地方工作，甚至可以在水面游动或在水下前进。尽管体积较小，但 RHex 机器人身上仍然携带了具备红外功能的摄像头。

作战性能

RHex 机器人支持多种移动方式，可以跳跃、游泳、爬楼梯，可移动性很强。它能够在岩石地、泥浆地、沙地、植被地、铁轨、电线杆、斜坡和楼梯等多种地形移动，最大速度可达 10 千米 / 时，其非凡的越障能力已经得到了美国专门机构的认证。RHex 机器人能以抛物线的形状跳过很长的沟壑，还可自己判断跳跃范围。

美国"小熊"机器人

"小熊"机器人是美国维克纳公司研制的医疗机器人，正式名称为"战场救护机器人"（Battlefield Extraction-Assist Robot，BEAR）。除军事领域外，"小熊"机器人也能在自然灾害或恐怖袭击的现场执行救援任务。

结构解析

"小熊"机器人的外形如同一个大号的"泰迪熊"玩具，由于大腿和胫骨上装有导轨，因此"小熊"机器人不仅能在崎岖的地形上行走、穿过狭窄的大门，同时还能完成上下楼梯、蜷缩及跪下等动作。此外，"小熊"机器人的臀部、膝盖和脚上还能装上轮子。当道路平坦时，它就能改用轮子更快地前进，同时还能采取多种不同的姿势。

作战性能

"小熊"机器人能够抱着受伤的士兵进行长距离行走，并且不会疲劳。为了躲避敌人的视线，它能在抱着受伤士兵的同时跪下或者躺下，在草丛或墙壁后悄悄移动。尽管目前"小熊"机器人靠轮子移动，但是现在的模型采用了履带式接合腿，这种结构保证了它可以实施更高级别的任务，包括把自己依附在地面交通工具上、在战场上履行任务的同时保证自身安全、寻找伤员并把他/她放到担架上安全撤退。

美国"龙腾"无人车

　　"龙腾"（Dragon Runner）无人车是美国自动化公司研制的无人地面车，2006 年开始装备部队。

结构解析

　　"龙腾"无人车采用模块化设计，并装有稳定和可以颠倒使用的悬挂装置，能比较轻松地通过窗户、爬楼梯和翻墙。小小的车体内集成有昼夜光电和音响侦察设备、双向数据传输设备，能将探测到的声音、图像等数据信息实时传送给操作员。而操作员对"龙腾"无人车的控制也很简单，只需手持一部外形与游戏机操纵手柄相似的控制台，就能很好地发送无线电指令对其进行遥控操作。控制台上有一个 4 英寸大小的彩色液晶显示屏，能实时显示"龙腾"无人车传回的图像。

作战性能

　　"龙腾"无人车由标准的军用电台电池提供能量，小巧的体格和安静的行动能力，使"龙腾"无人车不但非常易于单兵携带和机动，而且具有极佳的隐蔽性，很难被对手发现。该车可通过对战术目标和周围危险环境的观测，在城市作战中为部队提供支援。

美国"破碎机"无人车

　　"破碎机"无人车是美国国防部高级研究计划局（DARPA）主导研发的轮式无人地面车，主要用于运输。

结构解析

　　"破碎机"无人车采用 6×6 全轮驱动，车体采用高强度铝材制造，车高 1.2 米，重量 7700 千克。车底和车顶分别覆盖高强度钢板，能承受树桩和岩石的撞击。车头使用钛合金制造，既坚固，重量又轻，能够承受树干和灌木产生的正常撞击力。

作战性能

　　由于 6 个轮子采用独立驱动，并具有滑动转向的功能，"破碎机"无人车几乎能在任何坡度攀爬，在高速行进中也能轻松越过树丛、岩石、围墙、树桩和垄沟，最大速度可达 42 千米 / 时。该车的最大载荷 1360 千克，能携带多种补给物资，对部队实施伴随保障。

美国 MULE 无人车

MULE 无人车是美国洛克希德·马丁公司研制的无人地面车，正式名称为"多功能通用后勤装备"（Multifunction Utility/Logistics and Equipment，MULE）。

结构解析

MULE 无人车系统以"通用机动平台"为核心，搭配不同的模块化"任务装备套件"，就可以执行各种不同的任务。洛克希德·马丁公司一共开发了三种任务装备套件，即 XM1217 运输型、XM1218 突击型、XM1219 扫雷型。"通用机动平台"重约 2500 千克，采用柴油/电力混合驱动，每侧各有 3 个车轮，每个车轮都有独立的马达，可让整个车轮绕轴心做 360 度旋转，使其顺利通过或攀爬各种地形障碍。

作战性能

XM1217 运输型可以负载 874 千克，相当于两个步兵班（约 24 名战斗人员）进行 24 小时作战所用的全部单兵装备、重武器以及额外的食物和饮水。XM1218 突击型装有"武装机器人"组件，可安装能 360 度旋转并有良好火控系统的迷你型炮塔。XM1219 扫雷型安装了扫雷用的组件，核心设备为地雷侦测感应系统。MULE 无人车各个型号都能自动行驶或由人员在后方遥控作战，并具备高超的机动性能和良好的战场隐身能力，可适应复杂地形。

俄罗斯"天王星"6 无人车

　　"天王星"6 无人车是俄罗斯国家工业和科技集团（ROSTEC）研制的履带式自行扫雷器。

结构解析

　　"天王星"6 无人车是一种无线电遥控的履带式自行扫雷器，装有 5 个不同的合成工具：锤击式扫雷器、滚压式扫雷器、挖掘式扫雷器、推土器和机械夹，能够发现、识别和根据指令引爆任何不超过 60 千克 TNT 当量的易爆品。

作战性能

　　"天王星"6 无人车主要用于城市、山地和丛林地形上的排雷，不仅能够探寻各种弹药使其失效或将其引爆，而且还能准确识别各种类型的弹药，可以把炮弹从航空炸弹和反坦克地雷中区分出来。该车在平坦地形上的排雷速度为每小时 3 千米，石质地形上为每小时 0.5 千米。操作员可在距其1000 米处操纵（有 4 部摄像机，能够确保周围视界），可保证人员的绝对安全。

俄罗斯"天王星"9 无人车

　　"天王星"9（Uran-9）无人车是俄罗斯国家工业和科技集团（ROSTEC）研制的多功能无人战车，2016 年开始向国际市场推出。

结构解析

　　整套"天王星"9 无人车系统包括两辆无人车、运送无人车的拖车和机动指挥所。无人车的长度为 4.5 米，宽度为 2 米，高度为 1.4 米，重量为 7000 千克。该车装有激光照射预警系统，以及目标发现、识别和伴随设备。操作员借助操作台通过无线电频道，在距离无人车 1000 米处受防护的指挥所里进行遥控指挥。为了控制无人车的行动，操作员使用 4 部摄像机把信号传输到指挥操作台。

作战性能

　　"天王星"9 无人车能够克服高达 1.2 米的障碍，配备的武器主要有 30 毫米 2A72 自动机炮、7.62 毫米双管机枪和"攻击"式反坦克导弹。该车能够完成多种任务，可进行工程侦察，消灭敌有生力量和打击各种目标，包括敌装甲车辆、工事和时速达 400 千米的低空飞行器。设计人员称，"天王星"9 无人车将在局部军事和反恐怖行动中发挥重要作用，特别是在居民点使用将大大减少人员伤亡。

以色列"先锋哨兵"无人车

　　"先锋哨兵"（Avant guard）无人车是以色列 G-NIUS 公司、埃尔比特公司和航空工业公司联合研制的履带式无人地面车，其中 G-NIUS 公司是主承包商，负责总体研制和生产。

结构解析

　　"先锋卫兵"无人车采用履带式底盘，车上装有敌我识别系统、卫星导航系统、双向数据链、通信电台、前后端 CCD 摄像机、防障碍规避系统等。"先锋卫兵"无人车的动力装置为久保田 V3800DI-T 四缸直列柴油发动机，最大功率 74 千瓦。

作战性能

　　"先锋卫兵"无人车可以执行监视、侦察、安保、巡逻、探测和引爆简易爆炸装置等多种任务。该车可负载 1088 千克设备，包含多个模块化任务载荷，如抗简易爆炸装置干扰机、探地雷达、人员／车辆探测雷达、非制冷热成像系统（装在一个桅杆转塔上）、遥控武器站（配备 7.62 毫米口径机枪）等。

英国"独轮手推车"无人车

"独轮手推车"（Wheelbarrow）无人车是英国科努尔公司研制的无人地面车，主要用于排雷。

结构解析

"独轮手推车"无人车采用模块化设计，履带式底盘上装有一个结构复杂的多自由度机械臂、多种转臂夹钳、引爆爆炸物用的霰弹枪（5 发弹药）和钢索等物。该车以四台电动机驱动，并配有双速机械变速箱。变速箱能在两个档次下从零开始无级加速到最大速度，低速时操纵更加精确。通过车上齿轮和齿条驱动装置能前后移动整车重心，从而改变车辆姿态。在前进时，"独轮手推车"无人车的履带表面与地面之间通常会保持一定角度（此时车辆处于正向位置）。当车辆变成后向位置，在吊起重物时能保证车辆稳定性；在下楼或下陡坡时可防止车辆前倾翻。

作战性能

"独轮手推车"无人车的电动机由蓄电池供电，间断使用时可工作 2 小时。该车能通过 45 度的楼梯和斜坡，涉水深度 0.2 米。自服役以来，"独轮手推车"无人车参加过科索沃维和行动、伊拉克战争、阿富汗战争，可谓"久经考验的老战士"，据称其排爆成功率可达 90% ～ 95%。

第 3 章
特殊海战武器

　　海战的发生时间仅次于陆战，同样拥有悠久的发展历史。随着科学技术的发展，海战经历了划桨时代、风帆时代、蒸汽时代和核动力时代，由使用冷兵器的撞击战和接舷战，发展到使用火炮、鱼雷、深水炸弹和导弹武器进行海战。在此期间，世界各国建造了许多非常特殊的海战武器。

美国"宪法"号风帆护卫舰

"宪法"号风帆护卫舰是美国海军现役木壳三桅风帆护卫舰，由美国首任总统华盛顿命名。该舰是全球舰龄最长的现役海军舰艇，自1797年入役以来，已经在美国海军持续不断地服役超过200年。

结构解析

"宪法"号风帆护卫舰总长62.2米，宽13.6米，型深6.85米，排水量2200吨。帆面积3969平方米，装备28门24磅火炮和10门12磅火炮。该舰建造所用的木材，采自北到缅因州，南到佐治亚州的1500棵大树，而火炮则在罗得岛州铸造，称得上是倾全国之力而成的战舰。

作战性能

不同于美国海军其他现役舰艇，"宪法"号风帆护卫舰今天已经不再执行军事任务，改而肩负起向公众和游客宣传和推广美国海军历史传统的公关任务。目前"宪法"号风帆护卫舰停泊于波士顿的查尔斯顿海军基地一号码头，并且拥有1支人数60人的舰员队伍。与美国海军其他现役舰艇相同，这60名舰员全部隶属现役的水手和军官，他们在海军部的编制内被视为特殊任务人员。

美国"鹦鹉螺"号攻击型核潜艇

"鹦鹉螺"（Nautilus）号是世界上第一艘攻击型核潜艇，1954—1980 年服役。与当时的普通潜艇相比，它的航速要大约快一半。

结构解析

"鹦鹉螺"号核潜艇采用常规动力潜艇的外形，基本特征是艏柱为圆弧形，干舷较低，上甲板呈平直形状。该艇的艏水平舵为可收放结构，不使用时则可折叠收起。在艏水平舵的后面，有 1 个锚穴。"鹦鹉螺"号潜艇的艉部基本上采用了常规动力潜艇的艉部结构形式，艉舵位于螺旋桨的后面，艉垂直舵分成上下两块，与艉水平舵为十字形布置，有两根推进轴、2 个螺旋桨。

作战性能

"鹦鹉螺"号核潜艇的艇体外形与内部、动力仪器与作战装备，都是当时最精密的科学产品，用流线型的外貌与简便的控制装备起来。该艇总重 2800 吨，远超旧式潜艇，整个核动力装置占船身的一半左右。它能在最大航速下连续航行 50 天、全程 3 万千米无须加任何燃料。

美国"长滩"号巡洋舰

"长滩"号巡洋舰（USS Long Beach）是美国于 20 世纪 50 年代后期建造的核动力巡洋舰，也是世界上第一艘核动力巡洋舰与第一艘核动力水面舰只，在此之前只有核潜艇曾使用核动力方式驱动。

结构解析

"长滩"号巡洋舰城堡般的方块形舰桥构造非常引人注目，由于采用核动力系统，该舰不需要大型主机烟囱，仅在舰体中段设置了一个小型的辅机烟囱，也与当时各国舰艇大不相同。"长滩"号舍弃了以往巡洋舰必备的重型装甲，仅在弹药库设有一层较薄的装甲。此外，服役之初的"长滩"号巡洋舰一反以往巡洋舰大舰巨炮的形象，舰上连一门火炮也没有。

作战性能

"长滩"号巡洋舰的武器原以防空为主，RIM-2 中程防空导弹和 RIM-8 长程防空导弹为主干，其他有反潜导弹、反潜鱼雷、舰炮等，现代化改装后加装"密集阵"系统、"战斧"巡航导弹、"鱼叉"反舰导弹，使火力更加充足，应对目标更多元。

美国"企业"号航空母舰

  "企业"（Enterprise）号航空母舰是世界上第一艘核动力母舰只，1961—2012 年服役，是美国海军目前为止服役时间最长的航空母舰。

结构解析

  "企业"号航空母舰采用封闭式飞行甲板，从舰底至飞行甲板形成整体箱形结构。飞行甲板为强力甲板，厚达 50 毫米，并在关键部位加装装甲。水下部分的舷侧装甲厚达 150 毫米，并设有多层防雷隔舱。该舰的机库为封闭式，长度 223.1 米，宽度 29.3 米，高度 7.6 米。在斜直两段甲板上分别设有 2 部 C-13 蒸汽弹射器，斜角甲板上设有 4 道 Mk 7 拦阻索和 1 道拦阻网，升降机为右舷 3 部，左舷 1 部。

作战性能

  "企业"号航空母舰拥有当时世界最先进的相位阵列雷达，并为之设计了独特的方形舰桥。该舰装有 3 座八联装"海麻雀"防空导弹发射装置和 3 座 Mk 15"密集阵"近程防御武器系统，主要舰载机为 20 架 F-14"雄猫"战斗机和 36 架 F/A-18"大黄蜂"战斗 / 攻击机。

美国"班布里奇"号巡洋舰

"班布里奇"（Bainbridge）号巡洋舰是美国于 20 世纪 60 年代初建造的导弹巡洋舰，它是继"长滩"号巡洋舰和"企业"号航空母舰之后，美国海军的第三艘核动力战舰，也是迄今为止世界上最小的核动力水面舰只。

结构解析

"班布里奇"号巡洋舰的艏部、舯部干舷较高，减小了在风浪中航行时甲板的浸湿性。舰首轮廓分明，舰首水线以下装有球鼻首声呐的导流罩，球鼻首与舰体结合成一个整体。另外，该舰设有直升机起降平台，但没有机库。

作战性能

"班布里奇"号巡洋舰装有较强的武器装备，包括 3 座四联装"鱼叉"舰对舰导弹、2 座双联装 M_K 10 型"标准"ER 中程舰对空导弹（配备导弹80 发）、1 座八联装 M_K 16"阿斯洛克"反潜导弹、2 座三联装 324 毫米口径的 M_K 32 鱼雷发射管、2 座"密集阵"近程防御武器系统。

美国"提康德罗加"级巡洋舰

　　"提康德罗加"（Ticonderoga）级巡洋舰是美国海军第一种配备"宙斯盾"系统的作战舰只，共建造了 27 艘，1983 年服役至今。

结构解析

　　"提康德罗加"级巡洋舰采用双桅结构，后桅高于前桅。岛式建筑分为艏、艉两部分，艏楼正面及两侧为全封闭式，4 组 SPS-1 雷达平板天线分别位于前方及右侧、艉楼左侧和后面。艏楼左后部和艉楼右前部，各有 3 具烟囱。

作战性能

　　"提康德罗加"级巡洋舰的武器配置比较全面，涵盖了反潜、反舰、防空和对地 4 个种类。由于该级舰的主要任务是防空，所以防空能力较为突出，装备了先进的"宙斯盾"防空系统。防空作战主要依靠"标准"Ⅱ型导弹，近程防御方面则使用"密集阵"近程防御武器系统和 127 毫米口径的 M_K45 舰炮。此外，还可以发射"阿斯洛克"反潜导弹、"鱼叉"反舰导弹、324 毫米口径的鱼雷等武器。

美国"尼米兹"级航空母舰

　　"尼米兹"（Nimitz）航空母舰是美国海军现役的核动力航空母舰，也是目前世界上排水量最大的在役军舰，满载排水量超过 10 万吨。

结构解析

　　"尼米兹"级航空母舰采用封闭式飞行甲板，机库甲板以下的船体是整体的水密结构，由内外两层壳体组成。机库甲板以上共 9 层，飞行甲板以下 4 层，飞行甲板上的岛形上层建筑 5 层。机库略偏右舷，约占舰长的2/3，机库四周布置有飞机维修车间，前方是士兵住舱和锚甲板。左舷其余部分布置办公室、控制室、通道、飞机加油站等。

作战性能

　　"尼米兹"级航空母舰装备 4 座升降机、4 台蒸汽弹射器和 4 条拦阻索，可以每 20 秒弹射出 1 架作战飞机。该级舰可搭载 90 架舰载机，均是美国海军目前最先进的舰载机型。自卫武器方面，"尼米兹"级航空母舰装有 24枚 RIM-7"海麻雀"防空导弹和 4 座"密集阵"近程防御武器系统。

美国"福特"级航空母舰

"福特"（Ford）级航空母舰是美国正在建造的新一代核动力航空母舰，计划建造 10 艘，于 2016 年开始服役。它是世界上第一种配备电磁弹射器的航空母舰，作战性能远胜于目前装备蒸汽弹射器的航空母舰。

结构解析

与"尼米兹"级相比，"福特"级航空母舰的设计更加紧凑，并且具备隐形能力。"福特"级有 2 座机库、3 座升降台，配合加大的飞行甲板，能够大幅提升战机的出击率。此外，还重新设计了燃料配置和弹药库，舰员舱也有所改进，每个住舱都配有卫生间，舰员的生活空间也更加私密。

作战性能

"福特"级航空母舰配备了四具电磁弹射器和先进降落拦截系统（含 3 条拦阻索和 1 道拦截网），比传统拦阻索和蒸汽弹射器的效率更高（由原先每天起降 120 架次增加到每天 160 架次），甚至能起降无人机。改良的武器与物资操作设计，能在舰上更有效地运送、调度弹药或后勤物资，大幅提升后勤效率。"福特"级航母采用的新型 A1B 反应炉的发电量为"尼米兹"级的 3 倍，其服役期间（50 年）不用更换核燃料棒。

美国"朱姆沃尔特"级驱逐舰

　　"朱姆沃尔特"（Zumwalt）级驱逐舰是美国海军的新时代主力水面舰艇，从舰体设计、电机动力、网络通信、侦测导航、武器系统等，无一不是超越当代、全新研发的尖端科技的结晶。

结构解析

　　DDX 采用先进而全面的隐身设计，其舰面上只有一个单一的全封闭式船楼结构。这是一个一体成型的模块化结构，采用重量轻、强度高、雷达反射性低且不会锈蚀的复合材料制造，整体造型由下往上向内收缩以降低雷达反射截面。除了整合了舰桥、所有的电子装备天线之外，还容纳有主机烟囱的排烟道，尾部则含有直升机库。

作战性能

　　DDX 的舰载武器主要包括 2 具先进火炮系统（AGS）、20 具 Mk 57 垂直发射系统和 2 门 57 毫米口径的 Mk 110 方阵快炮。AGS 是一款 155 毫米口径的火炮，射速为 10 发 / 分。Mk 57 垂直发射系统设置于船体周边，共可装 80 枚导弹，包括"海麻雀"导弹、"战斧"巡航导弹、"标准"Ⅱ型导弹和反潜导弹等。DDX 拥有 2 个直升机库，可配备 2 架改良型的 SH-60R 反潜直升机，或者由 1 架 MH-60R 特战直升机搭配 3 架 RQ-8A 无人机的组合。

美国"蓝岭"级两栖指挥舰

　　"蓝岭"（Blue Ridge）级两栖指挥舰是美国海军海上综合作战指挥能力最强的战舰，也是"二战"以来设计的最大的指挥舰。

结构解析

　　与美国海军老一代的旗舰相比，"蓝岭"级两栖指挥舰基本不具备执行其他任务的能力，完全是一艘专用的舰队指挥舰。该级舰的上层建筑集中配置在中部甲板，与烟囱一体形成了一个大型舰桥，上层建筑的前部是一个大型四脚桅，后部是一个筒桅，上甲板的尾部设有一个直升机起降甲板，可以停放一架中型直升机，但没有设置机库。

作战性能

　　"蓝岭"级两栖指挥舰的"旗舰指挥中心"是一个大型综合通信及信息处理系统，它与 70 多台发信机和 100 多台收信机连接在一起，同三组卫星通信装置相通，可以每秒 3000 词的速度同外界进行信息交流。接收的全部密码可自动进行翻译，通过舰内自动装置将译出的电文送到指挥人员手中，同时可将这些信息存储在综合情报中心的计算机中。

美国"美利坚"级两栖攻击舰

"美利坚"（America）级两栖攻击舰是新世纪美国海军两栖攻击舰的主力，可搭载 F-35B 垂直 / 短距起降战斗机，作战能力甚至超过了一般国家的航空母舰，堪称不是航空母舰的"航空母舰"。

结构解析

"美利坚"级两栖攻击舰主要作为两栖登陆作战中空中支援武力的投射平台，完全省略了坞舱的设计，节约出来的空间被用来建造两座更宽敞、净空更大、装设有吊车、可容纳 MV-22 "鱼鹰"倾转旋翼机的维修舱。相较于过去的两栖攻击舰，"美利坚"级拥有更大的机库、经重新设计与扩大的航空维修区、大幅扩充的零件与支援设备储存空间，油料库也更大。

作战性能

"美利坚"级两栖攻击舰可搭载 1 个由 12 架 MV-22"鱼鹰"倾转旋翼机、6 架 F-35B 战斗机、4 架 CH-53E "超级种马"直升机、7 架 AH-1 "眼镜蛇"武装直升机或 UH-1 "伊洛魁"通用直升机，以及 2 架 MH-60S "海鹰"搜救直升机所组成的混编机队，或单纯只搭载 20 架 F-35B 战斗机与 2 架 MH-60 S 搜救直升机，空中攻击火力最大化的配置。

美国"自由"级濒海战斗舰

　　"自由"级濒海战斗舰（Freedom Class Littoral Combat Ship）由美国洛克希德·马丁公司研制，用于取代"佩里"级护卫舰。该级舰于 2005 年开始建造，计划建造 13 艘，截至 2017 年 5 月已有 4 艘服役。

结构解析

　　"自由"级濒海战斗舰采用一种被称为"先进半滑航船体"的非传统单船体设计，其船体在高速航行时会向上浮起，吃水减少，从而大幅降低阻力。相较于其他濒海战斗舰的设计，单船体的"自由"级的风险最低，且在航速、价格、操作成本、综合机动性等方面都有优势，但是可用甲板面积比其他设计少。

作战性能

　　"自由"级濒海战斗舰可搭载 220 吨的武装及任务系统，舰首装有 1 门博福斯 57 毫米口径舰炮，直升机库上方设有 1 具 RIM-116 防空导弹发射器。船楼前、后方的两侧各有 1 挺 12.7 毫米口径的机枪。直升机库结构上方预留两个武器模块安装空间，可依照任务需求设置垂直发射器来装填短程防空导弹，或者安装 30 毫米口径的 Mk-46 机炮塔模块。该级舰可搭载 2 架 MH-60R/S "海鹰"直升机，以及 MQ-8 "火力侦察兵"无人机。

美国"独立"级濒海战斗舰

　　"独立"级濒海战斗舰（Independence Class Littoral Combat Ship）由美国通用动力公司研制，与"自由"级濒海战斗舰同时发展。该级舰计划建造 13 艘，截至 2017 年 5 月已有 4 艘服役。

结构解析

　　"独立"级濒海战斗舰是一种铝质三体舰，舰体采用模块化结构，并选用先进的舰体材料和动力装置。该舰配备有舰尾舱门和 1 个吊臂，可以发送和回收小艇和水中传感器。此外，"独立"级还配备有升降机，可让 MQ-8B 无人机配置到飞行甲板下的任务舱内。

作战性能

　　"独立"级濒海战斗舰装备了 1 门 57 毫米口径的 Mk 110 舰炮、1 套"海拉姆"反舰导弹防御系统（Sea RAM CIWS）、4 挺 12.7 毫米口径的机枪和 1 套 AGM-175"狮鹫"微型多用途导弹发射装置。该舰飞行甲板可以容纳 2 架 MH-60R/S 直升机或者 1 架 CH-53 直升机，机库也可容纳 2 架 MH-60R/S 直升机。与"自由"级濒海战斗舰一样，"独立"级濒海战斗舰也可搭载 MQ-8B 无人机。

美国"海影"号隐身试验舰

"海影"号（Sea Shadow）隐身试验舰是美国洛克希德·马丁公司秘密为美国海军建造的隐身试验舰，1985 年下水，主要进行各种海军技术试验。

结构解析

为达到隐身目的，"海影"号试验舰被设计成楔形，周身涂满了黑色的吸波材料，可有效吸收雷达所发出的探测波。此外，船体下部布设水下声波吸收物和主动声波抵消器，可以有效地抵消声音，达到消音的效果。"海影"号试验舰使用超导体电磁推进，而非传统动力。

作战性能

"海影"号试验舰从未携带过武器，但它是美国海军舰艇自动控制、先进结构、缩减舰员、适航性和隐身技术的重要试验平台，美国海军工程师和美国国防工业部门在"宙斯盾"驱逐舰和其他舰艇上采用了其中的一些技术。

美国"先锋"级联合高速船

  "先锋"（Spearhead）级联合高速船是由美国海军主导的一个造船项目，将成为未来美国海军和美国陆军水面部队的重要装备。

结构解析

  "先锋"级联合高速船采用铝合金双体船设计，舰上设有飞行甲板和辅助降落设备，可供直升机全天候起降。该船还装有完善的滚装登陆设备，M1A1"艾布拉姆斯"主战坦克可从联合高速船直接登陆作战。不仅如此，舰上还拥有先进的通信、导航和武器系统，可满足不同的任务需要。

作战性能

  "先锋"级联合高速船能够运送 600 吨物资以 35 节的航速航行 1200 海里，并能在吃水较浅的港口和航道工作，可搭载部队和装备执行军事任务，又能在滨海区执行人道主义任务。美国海军还计划组建以联合高速船与濒海战斗舰为基础的两栖作战群，它们能搭载营／连级规模的作战部队快速抵达热点地区，以应付中小规模冲突的需要。

美国"海上斗士"号试验舰

　　"海上斗士"（Sea Fighter）号试验舰是美国海军于21世纪初建造的一种高速、实验性的船只，最大航速超过50节。

结构解析

　　"海上斗士"号试验舰是美国海军第一款采用双体船设计的船只，采用铝质结构，其任务舱可容纳超过12个6米的任务模块，这样可以快速地重新配置船只，从而支持多种潜在的任务。"海上斗士"号试验舰的飞行甲板可以保证它在运行的同时，支持2架直升机或垂直起降无人机起降。

作战性能

　　"海上斗士"号试验舰主要用于测试高速舰艇的水动力性能、结构特性、任务灵活性和推进系统的效率，其设计很灵活，可满足多种作战任务的需要。该舰能测试多种技术，包括具有在近海浅水的水雷和自杀式小艇中穿行的能力。

美国 "褐雨燕" 号双体船

　　"褐雨燕"（Swift）号双体船是美国海军水雷战司令部装备的高速双体船，目前作为临时的水雷战指挥和保障船，还可以作为支持濒海战斗舰项目而进行的与先进船体、推进技术、先进通信集成等有关的研究用途。

结构解析

　　"褐雨燕"号双体船的长度97.8米，由于采用双体船型，吃水仅3.4米，使其成为在浅水海域执行任务的理想船型。该舰有直升机飞行甲板，并设有船尾坡道，具有直接从船尾或右舷装卸载货物的能力。坡道能够装载或卸载多种军用车辆，包括M1A1主战坦克。"褐雨燕"号双体船还安装了1台起重机，能够在航行时发射和回收小型快艇和无人航行器。此外，起重机还具有从飞行甲板上举起9.9吨货物的能力。

作战性能

　　"褐雨燕"号双体船的速度比大多数舰艇都要快，其最大速度可达50节。它可在载重500吨（包括350名作战人员和武器装备）的情况下，维持35节或更高的平均速度。该舰能够满足未来美国海军对小型、快速、可重新配置的水面舰艇的需要，具备在任何时候、任何地点完成各种使命的能力。

美国"短剑"高速隐形快艇

　　"短剑"（Stiletto）高速隐形快艇是美国海军正在建造的高速隐形快艇，它创新性地使用了 M 形船底。

结构解析

　　"短剑"快艇拥有美国使用碳纤维合成材料一次成型制造的最大船体，整个生产过程中没有使用一枚钉子、铆钉，而且不用焊接，因此它的外表十分光滑。船体采用隐身构造，并采用隐形材料制造船壳，不易被雷达发现。"短剑"快艇允许空气和水从下面流过，从而减少风的阻力并产生上升力，最快速度可以达到 51 节。

作战性能

　　"短剑"快艇的设计不但使其获得了高速，也使其行驶过程中的稳定性更高，高速行驶中的颠簸现象大大减轻，这使得乘坐的舒适度和安全性大大提高。驾驶"短剑"快艇只需要 3 名船员，它一次能够运载 12 名全副武装的"海豹"突击队员和 1 艘长度 11 米的特种作战刚性充气艇，还能够搭载 1 架小型无人机。

美国"的里雅斯特"号潜水探测器

　　"的里雅斯特"号潜水探测器是由瑞士著名气象学家奥古斯特·皮卡德设计的载人潜水探测器，1953 年 8 月下水，1958 年出售给美国海军，1966 年退役。

结构解析

　　"的里雅斯特"号是一种独特的"水下气球"潜水器，分为钢质的潜水球和像船一样的浮筒。浮筒内充满比海水密度小得多的轻汽油，为潜水器提供浮力；同时又在潜水球内放进铁砂等压舱物，以帮助它下沉。这种潜水器完全抛掉了系缆绳，可以在海洋里自由沉浮和航行。

作战性能

　　1960 年，"的里雅斯特"号载人潜水探测器首次搭载 2 名潜水员下海，在世界上最深的马里亚纳海沟下潜至 10916 米，创下了载人潜水器下潜深度的世界纪录。

美国"斯巴达侦察兵"无人艇

"斯巴达侦察兵"（Spartan Scout）无人艇是美国研制的无人水面艇，具备半自主能力。

结构解析

"斯巴达侦察兵"无人艇是一种具备标准配置，可进行重新装配的多功能、高速、半自动无人水面舰艇。该艇的长度超过 7 米，有效载荷达2267 千克。除了具备光电系统之外，该艇还可以携带多种武器系统，包括"地狱火"空对地导弹和"标枪"导弹等，可以根据自身需要选择系统进行装备。

作战性能

"斯巴达侦察兵"无人艇可从水面舰船或岸上发射，可装备模块化载荷执行水雷战、监视、侦察、反潜、港口防护以及对敌方水面和陆地目标实施精确打击等任务。与其他的无人系统不同，"斯巴达侦察兵"无人艇可向飞机、水面舰艇和潜艇传输通信信号。

美国"雷穆斯"无人潜艇

　　"雷穆斯"（REMUS）无人潜艇是美国伍兹霍尔海洋研究所设计的自主式无人潜艇，其名称意为"远程环境探测单位"（Remote Environmental Monitoring UnitS，REMUS）。

结构解析

　　"雷穆斯"无人潜艇有 100 型和 600 型等型号，其中 600 型的重量 227 千克，长度 3.25 米，配有双频侧扫声呐、合成孔径声呐、升学成像系统、摄像机以及全球定位系统。"雷穆斯"无人潜艇通过"弗吉尼亚"级潜艇上一个 11 米长的任务模块释放，该模块名为干甲板掩体，用于在潜航状态下释放潜水员与无人潜艇。

作战性能

　　"雷穆斯"无人潜艇技术先进，主要用于收集海洋和气象数据，并对这些数据进行处理和传播。该艇可在单调、恶劣与危险环境下执行任务，而"弗吉尼亚"级潜艇可以同时执行其他任务，使得潜艇指挥官分身有术。

美国潜水员输送载具

　　潜水员输送载具（Swimmer Delivery Vehicle，SDV）是美国研制的一种小型潜水系统，外形酷似水下摩托车。该系统可以在水上和水下移动，因此又有"水下蛙人助泳器"或"小型潜艇"之称。

结构解析

　　SDV 是一种"开放"型水下输送工具，艇员（舵手和领航员）和 6 名蛙人分别位于艏舱和艉舱。SDV 用铝合金和玻璃钢制成，电动机利用银锌蓄电池供电驱动五叶螺旋桨。SDV 的仪表和其他电子元件都放置在干燥的防水舱，这种特殊模块构造可以在维护时方便重新安放。

作战性能

　　SDV 载具可装载 6 名全副武装的战斗蛙人，在 9 节航速时的航程 67 千米。在水下使用时，艇员和乘员必须使用水下呼吸器。在实际使用中，由于战斗蛙人有过冷的危险，SDV 的潜航持续时间被限制在 3 ～ 4 小时。SDV 可用安装在潜艇上的干船坞室运至特种作战区域，也可用 C-130 "大力神"运输机投送。

美国 MQ-8 "火力侦察兵" 无人机

MQ-8 无人机是美国诺斯罗普·格鲁曼公司研制的垂直起降无人机，绰号"火力侦察兵"（Fire Scout），有 MQ-8A、MQ-8B 和 MQ-8C 等型号，在美国海军和陆军中均有装备。

结构解析

MQ-8 无人机充分利用成熟的直升机技术和零部件，仅对机身和燃油箱做一些改进，而机载通信系统和电子设备又采用了诺斯罗普·格鲁曼公司自家的"全球鹰"无人机所使用的系统，有利于节省成本和缩短研制周期。

作战性能

MQ-8 无人机可在战时迅速转变角色，执行包括情报、侦察、监视、通信中继等在内的多项任务。同时，这种做法还可为今后进行升级改造预留充足的载荷空间。MQ-8 无人机还具备挂载"蝰蛇打击"智能反装甲滑翔弹、"九头蛇"低成本精确杀伤火箭、"地狱火"导弹和"长钉"导弹的能力。

美国电磁轨道炮

　　电磁轨道炮是美国利用电磁发射技术研制的一种先进的动能杀伤武器，美军于 2016 年将其安装在"特里同"号联合高速船上进行测试。此外，还计划在第三艘"朱姆沃尔特"级驱逐舰上安装。

结构解析

　　电磁轨道炮由两条平行的导轨组成，弹丸夹在两条导轨之间。双轨接入电源，电流经过一个导轨流向弹丸再流向另一个导轨产生强磁场，磁场与电流相互作用，产生强大的安培力推动弹丸，达到很高的速度。

作战性能

　　与传统的大炮将火药燃气压力作用于弹丸不同，电磁炮是利用电磁系统中电磁场的作用力，其作用的时间要长得多，可大大提高弹丸的速度和射程。总体来说，与常规火炮相比，电磁轨道炮的体积小、重量轻、隐蔽性强、发射稳定性好、初速度高、射程远、精度高，并且生产和使用成本较低。

美国"密集阵"近程防御武器系统

"密集阵"近程防御武器系统（Phalanx Close-In Weapon System）是一种以反制导弹为目的而开发的6管20毫米口径自动旋转式火炮系统，最早由美国通用动力公司波莫纳厂制造，目前则由雷神公司制造。

结构解析

"密集阵"系统包括警戒雷达、跟踪雷达、火炮、电子计算机和控制盘等。2部雷达配合使用，可在5000米范围内锁定反射面积为0.1平方米的目标位置，并算出其运动参数，同时还可以监视己方炮弹的飞行轨迹，自动校正射击参数。"密集阵"系统采用了模块化设计，除了炮位控制台与遥控台在舱外，其他设备都以模块形式装配在炮架上，体积小、重量轻，可安装在各型军舰上，如果作战时零部件损坏，可以现场更换。

作战性能

"密集阵"系统在设计上可进行全自动防御，即给定目标的资料后，就可以完全依靠内置的雷达进行搜索、追踪、目标威胁评估、锁定、开火。这种设计的优点是安装容易，基座只需提供电力，无须与船舰上的作战侦测系统进行整合也能运作，安装的甲板位置也只要确保足够的结构强度，而不必在甲板上挖洞。在全天候作战能力方面，"密集阵"系统具有多光谱控制与跟踪能力，不受气候影响。

美国"北极星"潜射弹道导弹

"北极星"（Polaris）潜射弹道导弹是美国海军列装的第一种潜射导弹，其对有预谋袭击的天然免疫力使得潜射导弹自此成为美国核武力量的中流砥柱。

结构解析

"北极星"导弹的弹体长度超过 9 米，直径 1.37 米，射程约 4625 千米，最大飞行速度为 12550 千米/时，采用惯性制导方式，配有多个分导式弹头。如"北极星"A3 型的弹头采用 3 个集束式多弹头，每个分弹头重 160 千克，核当量 20 万吨。核潜艇水下 30 米垂直发射，利用燃气、蒸汽或压缩空气将导弹从发射筒中弹出水面，第一级发动机在离水面 25 米处点燃。

作战性能

"北极星"导弹既可供水面舰船使用，也可由潜艇从水下发射。水下发射时，先利用压缩惰性气体将发射管中的导弹弹出水面，然后火箭发动机自动点火。特制的潜艇可在 15 分钟内将定额装备的 16 枚"北极星"导弹全部发射出去。

美国"三叉戟"潜射弹道导弹

　　"三叉戟"潜射弹道导弹是美国海军装备的潜射导弹，有 UGM-96 "三叉戟"Ⅰ型和 UGM-133"三叉戟"Ⅱ型两种型号,堪称美国海基核力量的核心。

结构解析

　　"三叉戟"导弹为三级固体推进导弹，采用了很多前所未有的新技术，包括新的 NEPE-75 高性能推进剂、碳纤维环氧壳体、GPS/ 星光 / 惯性联合制导等。该导弹第一级发动机的长度 7.2 米，发动机壳体 IM7 碳纤维 / 环氧复合材料；第二级发动机的长度 2.9 米，发动机壳体 IM7 碳纤维 / 环氧复合材料；第三级发动机的长度 3.3 米，发动机壳体为凯夫拉纤维 / 环氧复合材料。

作战性能

　　"三叉戟"Ⅰ型导弹有攻击硬性目标的能力，可以攻击中等强度的强化军事基地。对于已输入的目标资料可在船上加以更换重新输入，若要输入全新的目标资料则耗时稍久。"三叉戟"Ⅱ型导弹的精度高而且有效载荷大，它攻击硬性目标的效能要比"三叉戟"Ⅰ型高 3 ～ 4 倍。

美国"战斧"巡航导弹

　　"战斧"（Tomahawk）巡航导弹是美国研制的舰地巡航导弹，可从潜艇或者水面舰艇发射，1983年开始服役。

结构解析

　　"战斧"导弹采用模块化设计，尽管各个子型携带的弹头种类或者导引系统并不完全相同，但是导弹内部的主要结构则是相通的。导弹的最前端是导引系统模块，位于这个模块后方的则是一到两个前段弹身配载模块，这个模块可以携带燃料或者是不同的弹头。第三段是弹身中段模块，是主要的燃料与弹翼的所在位置。之后，依次是后段模块、动力模块、加力器模块。

作战性能

　　"战斧"导弹在航行中采用惯性制导加地形匹配或卫星全球定位修正制导，可以自动调整高度和速度进行高速攻击。导弹表层有吸收雷达波的涂层，具有隐身飞行能力。雷达很难探测到飞行的"战斧"导弹，因为这种导弹有着较小的雷达横截面，并且飞行高度较低。可以这样说，美国海军水面作战舰艇的纵深打击能力便取决于"战斧"导弹。

俄国"诺夫哥罗德"号圆形装甲舰

　　"诺夫哥罗德"号（Novgorod）圆形装甲舰是沙皇俄国建造的带有试验性质的军舰，该舰建造完工后，拆成零件运到黑海的尼古拉耶夫工厂重新组装，于 1874 年正式服役。

结构解析

　　由于圆形军舰不可能铺设主龙骨，为解决强度问题，"诺夫哥罗德"号沿艏艉方向铺设了许多条平行龙骨，与横向钢桁支架构成方格状框架，在这个框架上又铺设了若干道同心圆形状的支撑肋，以便加强船体。船底为木质，外面包裹铜皮。总的来说，其船体就像一个扣过来的飞盘，底部平坦，圆滑地过渡到垂直干舷。

作战性能

　　"诺夫哥罗德"号的船体直径 30.78 米，吃水深度 3.67 米，标准排水量 2491 吨，最大排水量 2671 吨。这种船型的阻力巨大，极其耗能，续航能力极差。武器方面，"诺夫哥罗德"号它装有 2 门 304.8 毫米口径的大型火炮，以及 6 门装有 4 磅炮弹的火炮和 2 门装有 2.5 磅炮弹的火炮。

俄罗斯"列宁"号破冰船

"列宁"号破冰船是苏联于 20 世纪 50 年代研制的核动力破冰船，1959 年 12 月 7 日首航，主要执行北冰洋地区的考察和救援活动，除了 1967 年靠港进行过维修，几乎不间断地航行了 30 年。

结构解析

"列宁"号破冰船长度 134 米，宽度 27.6 米，高度 16.1 米，排水量 19000 吨。核动力舱中的反应堆被一个特制的盖子密封，而且永远不能打开。船上安装有 3 台 90 兆瓦 OK-150 型压水堆。

作战性能

"列宁"号破冰船的航行速度达 33 千米 / 时，船上有 1050 个船舱，可载员 243 人。服役期间，"列宁"号破冰船一共航行了 654400 海里，其中破冰里程达 560600 海里，共引导过 3741 艘货船的运输。该船于 1989 年正式退役，停泊在摩尔曼斯克港。现在成了博物馆，供游客参观。该船的维护保养工作依然在进行，船况尚好，一旦有需要仍能出航执行任务。

俄罗斯"台风"级潜艇

　　"台风"级（Typhoon Class）潜艇是苏联于 20 世纪 70 年代后期开始建造的弹道导弹核潜艇，共建造了 6 艘。该艇是苏联最大的弹道导弹潜艇，也是目前人类建造的最大潜艇。

结构解析

　　"台风"级核潜艇最独特的设计是"非典型双壳体"，即导弹发射筒为单壳体，其他部分采用双壳体。导弹发射筒夹在双壳耐压艇体之间，可避免出现"龟背"而增大航行的阻力和噪音，并节约建造费用。该级艇共有 19 个舱室，从横剖面看呈"品"字形布设，主耐压艇体、耐压中央舱段和鱼雷舱采用钛合金材料，其余部分都用消磁高强度钢材。

作战性能

　　"台风"级潜艇是典型的冷战产物，设计目的是达到"相互保证毁灭"原则。该艇有 20 具导弹发射管、2 具 533 毫米口径的鱼雷发射管、4 具 650 毫米口径的鱼雷发射管，可发射 SS-N-16 反潜导弹、SS-N-15 反潜导弹、SS-N-20 弹道导弹，以及常规鱼雷和"风暴"空泡鱼雷等。

俄罗斯"基洛夫"级巡洋舰

　　"基洛夫"级（Kirov Class）巡洋舰是苏联建造的世界上最大的巡洋舰，满载排水量超过2.5万吨，仅次于航空母舰，舰上装载超过400枚导弹，因此又有"武库舰"之称。

结构解析

　　"基洛夫"级巡洋舰的舰型较丰满，艏部明显外飘。宽敞的艉部呈方形，设有飞行甲板，下方是可容纳3架直升机的机库。舰体结构为纵骨架式，核动力装置和核燃料舱部位都有装甲。

作战性能

　　"基洛夫"级巡洋舰的上甲板配备有20枚SS-N-19"花岗岩"反舰导弹，舰体后部有1门130毫米口径的AK-130DP多用途双管舰炮。该级舰的防空火力主要由SA-N-6防空导弹、SA-N-9防空导弹、SA-N-4防空导弹和"卡什坦"近程防御武器系统组成。"基洛夫"级巡洋舰的外围反潜任务主要依靠3架Ka-27或Ka-25舰载直升机。

俄罗斯"库兹涅佐夫"号航空母舰

"库兹涅佐夫"（Kuznetsov）航空母舰号是俄罗斯海军目前唯一的航空母舰，1991 年开始服役。与一般意义上的航空母舰不同，"库兹涅佐夫"号被俄罗斯称为"重型航空巡洋舰"，它可以防卫和支援战略导弹潜舰及水面舰，并且搭载一些舰载机，进行独立巡弋。

结构解析

"库兹涅佐夫"号航空母舰的飞行甲板采用斜直两段式，斜角甲板的长度 205 米，宽度 23 米，与舰体轴线成 7 度夹角，其甲板后部安装了 4 道拦阻索，以及紧急拦截网。飞行甲板右舷处则安装了两座甲板升降机，分别位于岛式舰桥的前后方。出于成本考虑，飞行甲板的起飞段采用了上翘 12 度的"滑跃"式甲板，而非平面弹射器。

作战性能

"库兹涅佐夫"号航空母舰的舰载机需要使用本身的引擎动力，冲上跳板升空。这种设计比起采用平面弹射器的航空母舰具备更高的飞机起飞角度和高度，所需要的操作人员较少，但也带来了舰载机设计难度大、起飞重量受限、对飞行员技术要求高等弊端。

俄罗斯"野牛"级气垫登陆艇

　　"野牛"级（Zubr class）气垫登陆艇是苏联于 20 世纪 80 年代研制的大型气垫登陆艇，也是世界上最大的气垫登陆船舶。

结构解析

　　"野牛"级气垫登陆艇的尺寸远大于现今船坞登陆舰和两栖攻击舰的容纳能力，因此它不能由任何母船搭载，只能依靠自身的续航力，苏联海军将其划分为"登陆舰"。该艇采用坚固的浮桥式构造，具有良好的稳定性。艇身由强度高且耐腐蚀的铝镁合金焊接而成，两层式的气垫内部分隔成许多区域，局部的破损不会造成整个气垫完全漏气失效，类似船只的水密隔舱。

作战性能

　　"野牛"级气垫登陆艇有 400 平方米的面积可用于装载，自带燃料 56 吨。该级艇可运载 3 辆主战坦克，或 10 辆步兵战车加上 140 名士兵，若单独运送武装士兵则可达 500 人。"野牛"级配备的火力大大高于其他气垫登陆艇，装备有"箭 -3M"或"箭 -2M"防空导弹系统，2 门 30 毫米口径的 AK-630 火炮，2 套 22 管 MC-227 型 140 毫米口径的非制导弹药发射装置，以及 20 ～ 80 枚鱼雷。机动性方面，该级艇可在浪高不超过 2 米、风速不大于 12 米 / 秒的海况下行驶。

俄罗斯"卡什坦"近程防御武器系统

　　"卡什坦"近程防御武器系统是俄罗斯研制的舰载防空武器系统，也是世界上唯一一种将大威力火炮、多用途导弹和一体式雷达－光电火控系统集成在一个炮塔上的防空系统。

结构解析

　　"卡什坦"系统采用模块化结构设计，包括指挥模块、作战模块、防空导弹存储和再装填系统、防空导弹和炮弹。指挥模块由搜索雷达、计算机和显控台等设备构成。作战模块由跟踪雷达、制导雷达、光电系统、火控台、两组四联装导弹和双联装 6 管 30 毫米口径的舰炮构成。导弹是由陆用型 9M11 导弹改进而来，火炮则是在 AK-630 舰炮基础上改进而成。

作战性能

　　"卡什坦"系统主要用于防御精确制导武器、飞机和直升机的空袭，也能攻击海上小型目标。该系统的体积小、重量轻，可配装在多种舰艇上。根据舰艇排水量和作战任务的不同，指挥模块和作战模块可灵活地组成多种配置形式。指挥模块用于探测目标和进行目标分配，为作战单元提供目标指示数据，最多可同时跟踪 30 个目标。其中的搜索雷达可以使用舰载监视雷达，对雷达截面积 0.1 平方米、高度 15 米的目标的最大探测距离 12 千米。

俄罗斯"暴风"超空泡鱼雷

"暴风"超空泡鱼雷是苏联研制的一种超空泡武器，目前仍被俄罗斯潜艇部队广泛使用，如"阿库拉"级攻击型核潜艇上就有装备。

结构解析

"暴风"超空泡鱼雷的长度8.23米，直径533毫米，雷体由头部到尾部逐渐变粗，头部是战斗部，尾部是发动机，尾部中心为火箭发动机喷管，周围有8支小型启动火箭。"暴风"超空泡鱼雷的头部安装有空泡发生器，呈圆形或者椭圆形平盘状。鱼雷尾部拖有制导导线，用来控制鱼雷的运动和引爆战斗部。

作战性能

"暴风"超空泡鱼雷在水中运动时，空气从头部排出，在雷体表面为气泡所覆盖，形成"超空泡"。所以它的水阻力很小，速度很快，大大超过普通鱼雷。超空泡鱼雷的问世代表着水下作战武器的一次革命性飞跃，很可能会改变未来海战方式。随着超空泡技术的不断完善和发展，不仅会大幅提升水下武器的速度，还有可能应用于水下或水面航行器。

英国"海神"号三体试验船

"海神"（Triton）号三体试验船是英国海军为了发展未来海面战斗船而建造的一艘技术论证船，也是世界上最大的以电动机产生动力的三体船，于 2000 年 5 月下水。

结构解析

"海神"号有三个瘦长的船体共享一个主甲板及上层结构，主船体和驾驶台甲板采用钢结构，船体全长为 95 米，主船体宽 6 米，侧船体宽 1 米，最大吃水深度 3 米，排水量 800 吨。按照设计要求，"海神"号的飞行甲板强度能够容纳 1 架"山猫"直升机，而且能够操作无人飞行器。

作战性能

与传统的单一船体对比，"海神"号三体船能减少各类信号特征，降低加速阻力，还能增加长度，给予更多的稳定性。得益于三体船的设计，"海神"号试验船可以尽量把要害部位设计在主船体内，利用两侧船体形成一定的掩护，提高生存能力。但是，三体船的结构复杂，制造难度很大。

英国"塔里斯曼"无人潜艇

"塔里斯曼"（Talisman）无人潜艇是英国 BAE 系统公司研制的无人潜艇，于 2004 年开始设计工作，2009 年研制成功，主要用于水下排雷作业。

结构解析

"塔里斯曼"无人潜艇的外形酷似跑车，其重量仅 50 千克，具有独特的声呐搜索系统，能精确锁定水雷的位置。此外，该潜艇还配备有一个全方位的摄像头。

作战性能

"塔里斯曼"无人潜艇具有高机动性，工作潜深超过 100 米，可以连续在水下工作 12 个小时而不露出水面。这种潜艇可以在水中盘旋，不用掉头就能向任意方向行驶。"塔里斯曼"无人潜艇可以部署在任何船只上，无论是指挥舰还是充气艇，都可以让它派上用场。

英国"亨特"级扫雷舰

　　"亨特"（Hunt）级扫雷舰是英国海军于 1979 年开始装备的扫雷舰，它是有史以来最大的不用玻璃钢建造的军舰，也是最后一个使用三角形二冲程柴油发动机的军舰。

结构解析

　　"亨特"级扫雷舰采用高干舷主甲板，贯通式主甲板向后倾斜过渡延伸至艇尾作业甲板。30 毫米口径的舰炮位于前甲板中部，艇艏上层建筑前缘装有高大的舰桥，锥形封闭式主桅位于艇艏部，导航雷达天线位于舰桥顶部。大型烟囱装有黑色顶罩，位于主桅后方。多种猎雷和扫雷装备位于后甲板。

作战性能

　　"亨特"级扫雷舰的武器包括 1 门 30 毫米口径的 DS30B 舰炮，2 门 20 毫米口径的 GAM-C01 火炮，2 挺 7.62 毫米口径的机枪。水雷战对抗装备包括 2 部 PAP 104/105 型遥控可潜扫雷具、MS 14 磁性探雷指示环装置、斯佩里 MSSA Mk 1 拖曳式水声扫雷装置、常规 K 8 型"奥罗柏萨"扫雷具。

英国"无敌"级航空母舰

　　"无敌"级航空母舰是英国于 20 世纪 70 年代建造的航空母舰，它最大特点是采用了"滑跃"跑道，并首次采用了全燃气轮机动力装置，使航空母舰这一舰种进入了不依赖弹射装置便可以起降舰载战斗机的新时期。

结构解析

　　"无敌"级航空母舰的上层建筑集中于右舷侧，里面布置有飞行控制室、各种雷达天线、封闭式主桅和前后两个烟囱。飞行甲板下面设有 7 层甲板，中部设有机库和 4 个机舱。机库的高度 7.6 米，占有 3 层甲板，长度约为舰长的 75%，可容纳 20 架飞机，机库两端各有 1 部升降机。

作战性能

　　"无敌"级航空母舰的"滑跃"跑道可在载重量不变的情况下令舰载机滑跑距离减少 60%。该级舰的主机为 4 台"奥林普斯"TM-3B 燃气轮机，总功率 82376 千瓦，双轴双桨，最大航速 28 节，18 节航速时的续航力 7000 海里。"无敌"级航空母舰建成时的标准载机为 8 架"海鹞"式垂直起降战斗机和 12 架"海王"直升机。

英国"伊丽莎白女王"级航空母舰

　　"伊丽莎白女王"级航空母舰是英国海军最新型的航空母舰，计划建造 2 艘，首舰预计于 2017 年开始服役。该级舰首创"滑跃"甲板结合"电磁弹射器"的新概念，并且拥有两座舰岛。

结构解析

　　"伊丽莎白女王"级航空母舰的飞行甲板配置 2 座升降机，均位于右舷，一座设在两座舰岛之间，另一座位于舰尾右侧。飞行甲板的总面积约 13000 平方米，涂有防滑抗热涂装，舰首设有一个仰角 13 度的"滑跃"甲板，起飞跑道动线长度 160 米，跑道末端设有一个折流板。

作战性能

　　"伊丽莎白女王"级航空母舰的自卫武装相当精简，包括 3 座美制 Mk 15 Block 1B "密集阵"近程防御武器系统，以及 4 门 30 毫米口径的 DS-30B 遥控机炮。该级舰的主要对空雷达是泰雷兹 S-1850M 电子扫描雷达。为了最大限度地降低人力需求，"伊丽莎白女王"级航空母舰尽可能提高自动化程度，同时也在舰上人员的日常管理花了许多工夫。

以色列"保护者"无人艇

"保护者"（Protector）无人艇由以色列拉斐尔高级防御系统公司主持研制，英国 BAE 系统公司和美国洛克希德·马丁公司协助研发。

结构解析

"保护者"无人艇以 9 米长的刚性充气艇为基础，喷水推进，航速超过 30 节，最大作战有效载荷 1000 千克。其传感器载荷主要包括导航雷达和"托普拉伊特"光学系统，其中"托普拉伊特"系统为多传感器光电载荷系统，可在白天、夜晚以及各种不利的天气条件下完成手动和自动昼 / 夜观测及目标指示。

作战性能

"保护者"无人艇配备"微型台风"武器系统，可使用 12.7 毫米口径的机枪或 40 毫米口径的自动榴弹发射器，吨位稍大的"保护者"无人艇还可选装 1 门 30 毫米口径的舰炮。该系统还配有全自动火控系统和昼夜用照相机，形成了一套完整的综合无人作战系统。

以色列 "银色马林鱼" 无人艇

　　"银色马林鱼"（Silver Marlin）无人艇是以色列埃尔比特公司设计生产的无人水面艇，可用于兵力保护、反恐、水雷战、搜索与救援等任务。

结构解析

　　"银色马林鱼"无人艇是一种中型无人艇，拥有自动规避障碍物的传感器和控制系统，能携载各种负荷，如埃尔比特公司的海用光电设备、固定式遥控武器台，其自主操作系统能增强其在恶劣海况和高速时的性能。

作战性能

　　"银色马林鱼"无人艇配备了 1 座紧凑型多功能高级稳定系统传感器转塔，集合了 CCD 电视摄像机、红外热像仪、激光瞄准具、激光测距仪以及激光目标照射器等设备。紧凑型多功能高级稳定系统传感器转塔能发现 6 千米外的橡皮艇、16 千米外的巡逻艇和 15 千米外的飞机。

荷兰"守门员"近程防御武器系统

　　"守门员"（Goalkeeper）近程防御武器系统是荷兰泰利斯公司与美国通用电气公司于 20 世纪 70 年代合作研制的近程防御武器系统，于 1980 年开始服役。

结构解析

　　"守门员"系统有两个主要构件：一个自动化的加农机炮以及一套先进的雷达，雷达用来追踪来袭物的飞行轨迹，决定开火拦截的前置位置，而机炮将在雷达下令后对来袭目标进行数秒钟的射击，完成拦截防卫工作。"守门员"系统是完全自动化的防卫系统，整个运作过程中不需要任何人员介入。

作战性能

　　"守门员"系统主要用于船舰的近距离防御，将来袭的反舰导弹（或其他具有威胁性的飞行物）击毁。与"密集阵"系统相比，"守门员"系统使用 30 毫米直径的炮弹，因而拥有更高动能。两个系统的最大射程基本相当，但"守门员"系统的破坏力要大于"密集阵"系统。

西班牙"胡安·卡洛斯一世"号战略投送舰

"胡安·卡洛斯一世"（Juan Carlos I）号是西班牙自主设计建造的战略投送舰，兼具航空母舰和两栖攻击舰的功能，于2010年开始服役。

结构解析

不同于通常的两栖登陆舰，"胡安·卡洛斯一世"号军舰拥有专供战机起飞的"滑跃"甲板，因此也能被归类于航空母舰。该舰由上而下分4层：大型全通飞行甲板层、轻型车库和机库层、船坞和重型车库层、居住层。该舰采用钢制舰体，满载排水量27000吨以上，全通式飞行甲板的长度202米，宽度32米，飞行甲板的尺寸在欧洲仅次于英国"无敌"级航空母舰。

作战性能

"胡安·卡洛斯一世"号军舰安装有4门20毫米口径的厄利空防空机炮与4挺12.7毫米口径的机枪等武器，并且预留了加装垂直发射防空导弹系统或美制"拉姆"短程防空导弹的空间。在标准情况下，该舰的下甲板机库能容纳12架中型直升机或8架F-35B等级的垂直/短距起降战机。机库前方可储存货物或轻型运输工具，而轻型车辆车库可容纳100辆轻型车辆。

挪威"盾牌"级导弹艇

"盾牌"级（Skjold class）导弹艇是挪威研制的一款隐形导弹快艇，总共建造了6艘，首艇于1999年开始服役。

结构解析

"盾牌"级导弹艇采用划时代的半气垫船、半双体船设计，它以一个双体船型艇身连同在船体之间的一个空气垫为基础，采用复合结构，内外多层船体使用纤维增强塑料（由玻璃纤维和石墨多层黏合布组成），边缘使用乙烯树脂和聚酯树脂。

作战性能

"盾牌"级导弹艇的速度可以达到惊人的60节，而且吃水深度仅1米，不但适合沿岸作业，还能避过一些大型水雷。"盾牌"级导弹艇非常适用于在挪威的群岛和峡湾海岸地形，实施搜索和监视敌方的潜渗兵力，并利用自身的隐形能力接近和交战。

日本"大和"级战列舰

　　"大和"级战列舰（Yamato class battleship）是日本在"二战"时期建造的战列舰，也是人类历史上建造的排水量最大的战列舰。

结构解析

　　"大和"级战列舰的舰体长宽比 6.76:1，为主炮射击提供了稳定的平台并尽可能缩短了重装甲覆盖的面积。"大和"级战列舰重视防护，是当时装甲最厚重的战列舰，侧舷水线装甲厚度 41 厘米，拥有 20 度的倾斜角，两层水平装甲厚度合计超过 25 厘米，炮塔正面装甲厚度 65 厘米。

作战性能

　　"大和"级战列舰以其装备的 3 座三联装 460 毫米口径的巨型主炮闻名于世，是当时口径最大的战列舰主炮。除了 460 毫米口径的主炮，该级舰还装有 4 座（改装拆除 2 座）三联装 155 毫米口径的副炮、6 座双联装 127 毫米口径的高射炮、8 座三联装 25 毫米口径的高射炮和 4 挺九三式防空机枪。

日本"信浓"号航空母舰

　　"信浓"号航空母舰是日本在"二战"中建造的一款航空母舰，是"二战"中最大的航空母舰，也是航空母舰发展史上使用寿命最短的航空母舰（服役不到一个月），并且也是有史以来被潜艇击沉的最大军舰。

结构解析

　　为有效防御敌军的高空和俯冲轰炸，"信浓"号的飞行甲板铺装了75毫米厚的甲板装甲，同时还覆盖了200毫米厚的钢骨水泥层。重点位置的装甲特别进行了加固，使之可以抵抗大口径火炮的轰击。水线以下也加装了牢固的装甲，以便抵御敌军的主力鱼雷。"信浓"号设有开放式机库，通风能力较好。该舰的岛形舰桥设置于右舷中央部上，舰桥的后部向外侧倾斜23度。

作战性能

　　"信浓"号最初设计为搭载38架"烈风"式战斗机，18架"流星"式攻击机，9架"彩云"式侦察机，一共65架。后期因为作战需要发生改变，又改为20架"烈风"式战斗机和27架"流星"式攻击机，一共47架。虽然为提高整舰的防御能力造成舰载机数量较少，但是这些飞机的性能已有大幅度的进步，一定程度上弥补了数量的不足。

日本伊 –400 级潜艇

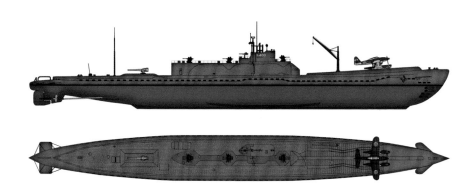

伊 -400 级潜艇是"二战"中日本建造的一款大型潜艇，是"二战"时期最大的潜艇，是 20 世纪 60 年代核动力潜艇建成之前最大的潜艇。事实上，伊 -400 级可以被视为"潜水航母"，它的主要武器是水上飞机。

结构解析

伊 -400 级潜艇的主舰体采用横向双筒结构，以便保障艇内弹药库和巨大燃料箱的安全，同时也可以加强潜艇的稳定性。设置在艇尾的乘员舱室恢复为单筒。艇首有 2 个鱼雷舱室，每舱有纵列的 4 具 533 毫米口径的鱼雷发射管，备有 20 枚鱼雷。舰桥和指挥塔的位置不在甲板正中，而是左偏 2.2 米。为了平衡，巨大的机库则右偏 0.6 米。

作战性能

伊 -400 级的密封机库长度 35 米、直径 3.7 米，可以容纳 3 架折叠起来的爱知 M6A1 "晴岚"水上飞机。战时这些水上飞机会从液压舱门里拖曳出来，在前甲板上组装好，加油挂弹，最后用前甲板的 1 部 26 米长的蒸汽弹射器发射升空。任务完成后，飞机会降落在潜艇附近的海面上，用艇上的大马力吊车回收入库。尽管水上飞机是这种大型潜艇的首要武器，但伊 -400 级的传统装备也很强大，安装有 1 门 140 毫米口径的甲板炮、8 具 533 毫米口径的鱼雷发射管和 10 门 25 毫米口径的高射炮。

日本 "出云" 级直升机护卫舰

　　"出云" 级直升机护卫舰是日本新一代直升机护卫舰，是日本海上自卫队有史以来最大的作战舰艇。虽然仍保持 "直升机护卫舰" 的定位，但其尺寸和排水量已超过了日本 "二战" 时期的部分正规航空母舰，也超过了目前意大利、泰国等国家配备的轻型航母水平。

结构解析

　　"出云" 级是日本海上自卫队上一代直升机护卫舰 "日向" 级的放大改良版，仍沿用全通式飞行甲板、右侧上层建筑等类航空母舰布局。全舰长度 248 米，飞行甲板宽度 38 米，标准排水量达 19500 吨，可容纳 14 架直升机，同时起降 5 架直升机。

作战性能

　　为了适应舰体尺寸的增加，"出云" 级的 4 台 LM-2500 燃气涡轮机的推力比 "日向" 级有所提升，单机功率可达 24706 千瓦，使最大航速维持在 30 节的水平。"出云" 级主要搭载 SH-60K "海鹰" 反潜直升机，作为远洋反潜作战编队的旗舰，加入现役的 "十·九" 舰队后，可将反潜战斗力提升 1 倍，覆盖的海域也随之增加数倍。

韩国"独岛"级两栖攻击舰

　　"独岛"（Dokdo）级两栖攻击舰是韩国海军第一种全通甲板式两栖攻击舰，它集两栖攻击舰、船坞登陆舰、大型运输舰、灾害救护船的功能于一身，能在全球大多数水域作业。

结构解析

　　"独岛"级两栖攻击舰有一条与舰身等长的飞行甲板，右舷边上建有一座堡垒式梯形结构的舰岛，建筑外壁呈向内倾斜 8 度。舰上暴露的各个部位大多由倾斜的多面体组成，在脆弱部位加装装甲钢板以强化防护能力。"独岛"级使用钢制舰体，舰首部分略带舷弧，具有良好的压浪性能，减少了舰体的摇摆幅度。

作战性能

　　"独岛"级两栖攻击舰可起降直升机或短距 / 垂直起降战斗机，但没有配备协助飞机起飞的"滑跃"甲板。该级舰装备两种防空自卫装备，第一种是 2 座荷兰"守门员"系统，第二种是 1 具美制 21 联装 M_k 49 "公羊"短程防空导弹发射器。"独岛"级的雷达由于设计不良，造成其甲板会反射雷达信号进而产生假性目标的缺点。

美国"海猎"号无人舰

　　"海猎"（Sea Hunter）号无人舰是美国国防部高级研究计划局（DARPA）主持研制的一款无人水面舰，其研制工作始于 2010 年 8 月，预计于 2018 年 9 月完成项目测试。

结构解析

　　"海猎"号无人舰没有配备武器，但安装有能侦测并追踪潜艇的传感器，并能与美国海军下一代战舰——濒海战斗舰共同执行任务。"海猎"号无人舰安装有多部声呐和光电传感器，可综合运用雷达和探测系统对周边舰艇进行探测识别。

作战性能

　　"海猎"号无人舰有无人自主驾驶、长时间巡航和自动搜索跟踪等技术优势，其隐身性能优异，对潜探测能力较强，能弥补大型水面舰艇在浅水区对潜艇侦察的劣势。相比传统作战舰艇，"海猎"号无人舰可在无人驾驶和远程操作方式下运行。在五级海况下，"海猎"号无人舰可在海上自动连续执行反潜任务至少 70 天，按正常速度巡航，至少可在海上航行10000 海里。此外，"海猎"号无人舰在测试中航速高达 31 节，超过大多数常规潜艇的最高机动速度，可确保对潜艇的密切追踪。

美国"海狐"无人潜艇

　　"海狐"（Sea Fox）无人潜艇是美国阿特拉斯电子公司研制的小型无人潜艇，有"海狐"Ⅰ型和"海狐"C型两种型号，前者主要用于侦察，后者主要用于攻击。除美国海军外，英国海军、芬兰海军和德国海军也有采用。

结构解析

　　"海狐"无人潜艇的体积较小，长约1.2米，重45千克，配备了1台闭路电视摄像机和声呐定位仪。从某种程度上来说，这种单价约10万美元的无人潜艇在一定程度上也是一种"自杀式武器"，能使用内置大口径破甲弹摧毁水雷。

作战性能

　　"海狐"无人潜艇可以通过直升机和小型橡皮艇部署，或者由扫雷舰运送到需要的海域。这种无人潜艇通过光纤进行控制，能向遥控操作员发回实时视频。"海狐"无人潜艇的下潜深度大约1000米，水下航速为6节，除用于侦察外，还可进行攻击。美国海军主要利用"海狐"无人潜艇进行江河地区的作战评估，以及远征部队的安全保障等。

美国"幽灵泳者"无人潜艇

"幽灵泳者"无人潜艇（Ghost Swimmer）是美国波士顿工程公司研制的无人潜水器，其研制工作始于 2012 年，目的是验证以仿生技术研制无人潜水器的可能性。

结构解析

"幽灵泳者"无人潜艇的形状和游动方式都类似于大型鱼类，可以携带声呐、水下摄像机等进行监视和侦察任务。"幽灵泳者"无人潜艇采用电池驱动，能够自主工作较长时间。该艇可以通过一根 150 米长的系绳与笔记本电脑连接。如果不采用系绳连接，"幽灵泳者"无人潜艇就需要定期上浮到水面来下载数据和指令。

作战性能

"幽灵泳者"无人潜艇能帮助美国海军完成更多类型的任务，同时还能保证潜水员和水手的安全。美国海军作战发展司令部认为，仿生技术的应用使"幽灵泳者"无人潜艇在低能见度情报监视与侦察任务中具有更高的安全性，更方便进行船体检查，同时，采用摆动尾鳍的推进方式比采用螺旋桨推进更加安静。它可以悬浮在水面工作，也能下潜 90 米左右工作，可收集潮汐、潮流和温度等数据，有关数据和图像能实时传送回母舰。

美国 AN/BLQ-11 长时间水雷搜索系统

AN/BLQ-11 长时间水雷搜索系统（LMRS）是美国波音公司研制的远程水雷侦测系统，其研制工作始于 1999 年 8 月，2007 年成功进行核潜艇释放和回收测试。目前，AN/BLQ-11 LMRS 主要装备美国海军的"弗吉尼亚"级和"洛杉矶"级核潜艇。

结构解析

AN/BLQ-11 LMRS 的大小与鱼雷类似，通过鱼雷发射管发射、回收。AN/BLQ-11 LMRS 由电池提供动力，利用推力矢量喷水式推进器运行和操控。过去的无人潜航器是有线控制的，而 AN/BLQ-11 LMRS 能够独立完成任务。除全球定位系统外，AN/BLQ-11 LMRS 还拥有侧扫声呐、前视声呐、猎雷和靠泊声呐、声通信装置等设备。

作战性能

AN/BLQ-11 LMRS 的官方定位是一款远程水雷侦测系统，可连续运行60 小时，可离开潜艇135 千米，能搜索水雷或其他物体的声呐装置。但实际上，AN/BLQ-11 LMRS 可为攻击型核潜艇提供前方侦察，或对一块特定区域进行搜索。在作业过程完成后，它会自动返回潜艇并由一部特制的机械臂来回收。每套 AN/BLQ-11 LMRS（2 具无人潜航器、回收机械臂和其他装置）的成本超过 1 亿美元。

英国 "卫兵" 无人艇

    "卫兵"（Sentry）无人艇是英国奎奈蒂克公司研制的一款快速、低雷达截面积的侦察监视无人艇。

结构解析

    "卫兵"无人艇使用模块化设计，在艇体设计方面十分重视隐身性能，并采用基于滑行船体喷水推进技术，最高航速可达 50 节。"卫兵"无人艇的艇体长度仅有 3.5 米，水线以上高度仅 1.1 米。该艇有一个简单的基于计算机的远程控制台，操作员可以在视距外控制无人艇及艇上设备。

作战性能

    "卫兵"无人艇可携带多种有效载荷，执行海港巡逻和安全、侦察和监视，以及拦截入侵者等任务。该艇曾参与英国国防部主导的"海面效应"项目，这一项目主要是为了研究无人艇在水上战场中的应用和效果，以评估无人艇在英国海军中可能担任的作战角色。2007 年，"卫兵"无人艇在苏格兰西海岸的英国水下测试和评估中心参加了多项试验，表现较为出色。

以色列"黄貂鱼"无人艇

"黄貂鱼"（Stingray）无人艇是以色列埃尔比特公司研制的一款无人水面艇，2005年在土耳其举办的国际防务展上首次公开展出。

结构解析

"黄貂鱼"无人艇有自主导航与定位能力，其外表高低起伏变化，有两个密封负载舱和一个小型（直径17厘米）的光电塔，带有CCD电视摄像头和前视红外装置，负载总重量150千克。"黄貂鱼"无人艇还可以携带动能武器（如机枪）或其他电子战装备。

作战性能

"黄貂鱼"无人艇是在民用喷水推进艇型基础上研发，能够从岸上或者舰艇上对其进行遥控。该艇主要用于近岸活动，出色的能力使其适合执行多种任务，包括近岸目标识别、情报侦察与监视、电子战等。"黄貂鱼"无人艇的最高速度可达40节，续航能力超过8小时，其活动范围取决于它使用的数据链和通信数据包的能力。

以色列"海星"无人艇

　　"海星"（Sea star）无人艇是以色列航空工业公司研制的无人水面艇，于 2006 年开始服役，主要用于执行侦察与监视、部队保护、电子战等任务。

结构解析

　　"海星"无人艇是以民用硬壳充气艇为基础改造而来，使用了开放式结构设计，可方便地更换或加装传感器和武器。该艇的长 11 米，宽 3.5 米，高 2.3 米，排水量 6 吨。"海星"无人艇可安装一个功能全面的任务设备包，其中传感器套件包括可用于侦察、监视和目标搜索的昼夜红外 / 可见光传感器、声呐，以及可用于电子支援、电子对抗、电子侦察和通信侦察的电子战套件。

作战性能

　　"海星"无人艇安装有一个带有独立目标传感器的炮座，可安装多种口径的机枪。另外，还可以安装非致命武器，包括水枪、声音播放器、非放射性眩晕设备等。"海星"无人艇配有 2 台功率 345 千瓦的柴油发动机，采用喷水推进器，最大航速达 45 节，最大航程达 300 海里。

瑞典"双鹰"无人潜艇

"双鹰"（Double Eagle）无人潜艇是瑞典萨博公司于20世纪90年代研制的遥控潜水器，主要用于搜寻和拆除水雷。

结构解析

"双鹰"无人潜艇的高度机动性和先进的计算机导航和控制系统，保证了声呐在任何深度的最佳性能，深度可从几米（浅水条件）到500米（蓝水条件）。"双鹰"无人潜艇配备了多普勒声呐计程仪，可增加定位精度和可靠性。通过将两种不同的定位系统的信息和多普勒声呐计程仪结合起来，战术数据系统就可能确定反水雷舰艇和"双鹰"无人潜艇的绝对坐标。

作战性能

"双鹰"无人潜艇的行动主要由反水雷舰艇控制，它主要在反水雷舰艇前方200～500米的范围内作业，必须沿着预定的路线机动，速度可达5节。即使反水雷舰艇偏离了预定的航线，"双鹰"无人潜艇仍然按预定的路线航行。"双鹰"无人潜艇的航线是由反水雷舰艇上的战术数据系统（TDS）制定，而反水雷舰艇的位置是由全球定位系统来确定，"双鹰"无人潜艇相对于反水雷舰艇的位置则通过水声定位系统确定。

西班牙"梅罗卡"近程防御武器系统

　　"梅罗卡"（Meroka）近程防御武器系统是西班牙研制的近程防御武器系统，于 1986 年开始服役。

结构解析

　　"梅罗卡"系统没有采用国际上流行的转管炮布局方式，而是采用 12 根单管炮上下两排（每排 6 管）组合而成。"梅罗卡"系统的探测跟踪装置包括红外系统、视频自动跟踪系统和"宙斯盾"雷达系统三个部分，而整个系统由火炮装置、搜索跟踪系统和控制台组成。"梅罗卡"系统的跟踪雷达、搜索雷达均置于炮架上，与火炮形成一体结构。

作战性能

　　"梅罗卡"系统的设计独特，火力十分强大，排除了转膛炮因单管卡壳而全炮故障的不足，提高了快速反应拦截能力。根据设计指标，"梅罗卡"系统对付典型目标的命中率 87% 左右，水平射界 360 度，高低射界 -15 度至 +85 度，备用炮弹数 720 发。在西班牙海军中，"梅罗卡"系统主要装备于"阿斯图里亚亲王"号航空母舰和"阿尔瓦罗·巴赞"级护卫舰等舰只。

第 4 章
特殊空战武器

空战是出现最晚的战争形式，空军也是现代三军当中成立最晚的一支，许多国家直到第一次世界大战结束之后才有独立的空军出现。不过，空战的发展却极为迅速，短短百余年时间已经成为现代战争不可或缺的组成部分。在此期间，各类空战武器不断涌现，其中不乏一些独具特色的产品。

美国 X–15 试验机

X-15 试验机是美国建造的第一个载人亚轨道飞行器，由美国国家航空航天局牵头，联合美国空军、海军和北美航空公司共同进行，于 1959 年开始服役。

结构解析

X-15 试验机的机身很长且为圆柱形，向后的整流片使机身看起来很平。背部及腹部的楔形垂直尾翼很厚。可收起的起落架包括机鼻起落架和两个滑橇。X-15 试验机首先是挂在一架 B-52 轰炸机的机翼下被带到空中，然后火箭发动机开始工作。

作战性能

在近十年的时间里，X-15 先后创造了 6.72 马赫和 108 千米的速度与升限的世界纪录，它的试验飞行几乎涉及了高超声速研究的所有领域，并为美国后来"水星"、"双子星"、"阿波罗"有人太空飞行计划和航天飞机的发展提供了极其珍贵的试验数据。在 X-15 整个试验飞行过程中，研究人员根据其飞行数据总共撰写了 765 份有价值的研究报告。

美国 X-20 试验机

X-20 试验机是波音公司为美国空军设计的载人航天轰炸机，也是航天飞机领域的先行者。

结构解析

X-20 试验机采用无尾三角翼布局，头部呈圆拱形，机翼后掠 72 度，翼尖上折充当垂直安定面。X-20 试验机由"大力神"运载火箭送入地球轨道，可进行多圈轨道飞行。降落时，X-20 机身前部下方安装有常规机轮，机身后部则为两个着陆滑橇。

作战性能

按照设计目标，X-20 试验机可以超过 5 马赫的高超声速飞行，执行侦察、武器投放等军事任务。该计划从 1957 年 10 月一直持续到 1963 年 12 月，总共花费超 6 亿多美元，由于耗资过大和设计目的不切实际，X-20 项目只完成 1 个全尺寸模型后就被取消了。

美国 X-37 太空飞机

X-37 太空飞机是美国波音公司研制的无人飞机，被视为是未来"太空战斗机"的雏形。该机至今已发展出 X-37A 和 X-37B 两个版本，其中 X-37B 已于 2014 年 10 月 17 日完成，连续飞行超过 674 天。

结构解析

X-37 太空飞机的机长 8.38 米，机高 2.74 米，翼展 4.57 米，可由载人航天飞机带入轨道，作为第二载荷运载体以节省飞行费用。机身为全复合材料，采用 1 台 AR2-3 火箭发动机作为动力。

作战性能

X-37 太空飞机在起飞时需要以火箭搭载或大型飞机投放升空，其耐热能力能抵受穿越大气层时所产生的热力，并且在太空上连续飞行一年以上。在回程时，X-37 能够像一般飞机一样，使用飞行跑道降落，同时还能在结束任务时自动返回地面。X-37 的最高速度能达到声速的 25 倍以上，常规军用雷达技术无法将其捕捉。

美国 X–38 试验机

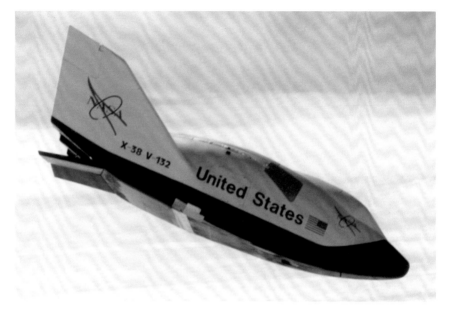

    X-38 试验机是一种太空站成员返回飞行器原型机，作为宇航员紧急逃逸装置使用。该计划仅仅制造了一架试验机，之后便因为资金问题而终止。

结构解析

    X-38 试验机的外形是标志性的钝头锥无主翼形体，外壳采用了大量的复合材料，如玻璃纤维和碳纤维环氧树脂等，并在受力点上使用钢材料和铝材料进行加固。此外，外壳上还覆盖有一层特殊的热防护层。除了使用降落伞实施降落以外，X-38 的机体底部还安装有和 X-15 类似的滑橇降落装置。

作战性能

    根据设计构想，X-38 试验机由围绕轨道飞行的航天飞机从货舱中释放，然后与太空站进行对接，最后携载最多 7 名宇航员离开。X-38 上的生命维持系统最长工作时间 7 个小时，当它进入地球大气层后到达 12000 米高度后着陆降落伞会展开保证安全降落。

美国 X-43 试验机

  X-43 是美国航空航天局研制的极声速飞行试验机，也是迄今为止在人类制造的使用外进气动力的飞行器中，速度最快的纪录保持者，美国科学家称其将成为"莱特兄弟首次飞行以来航空技术的最重大突破"。

结构解析

  X-43 试验机是一架无人驾驶的飞行器，状似 1 个滑板，长约 3.6 米。该机使用独特的超音速燃烧冲压发动机作为动力，与传统高速飞行时所使用的火箭发动机不同，它是从大气中吸入空气燃烧。这种发动机在运作时，燃烧室的进气流速必须超过音速，因此 X-43 必须先挂载在 1 架母机翼下飞至高空，点燃联结在 X-43 上的"飞马座"火箭将 X-43 推进到超音速状态后，再点燃自身的超音速冲压发动机进行极音速飞行。

作战性能

  X-43 是一项高风险高回报研究项目，最初设计以 7 ～ 10 马赫的速度飞行，而 X-43D 型的设计目标达到 15 马赫。按照这一速度，X-43 来往纽约和洛杉矶仅需 20 分钟，而从纽约飞到东京只要 2 小时。

美国 X-47 无人机

    X-47 无人机是由美国诺斯洛普·格鲁曼公司研制的试验性无人驾驶战斗机，首架代号 X-47A 的初期版本于 2003 年 2 月 23 日首飞，而后续的海军版本代号为 X-47B，于 2011 年 1 月进行首飞。

结构解析

    X-47A 采用了类似风筝的气动布局，机身为全复合材料制造，机翼前缘后掠角为 55 度，采用单发动机布局，发动机的进气口位于机身上方前部。为了控制成本，喷口是简单圆形，没有任何雷达或者红外隐身的考虑。X-47B 比 X-47A 更大，采用人字形平面形状，安装有 1 台普惠 F100-220 涡扇发动机作为动力。

作战性能

    X-47A 的主要任务是验证海军型无人驾驶飞行器舰载使用的适应性，具有机内武器舱，可以携带 1 枚 225 千克的训练炸弹，但没有进行过投弹试验。X-47B 的起飞重量和 F-16 战斗机相当，航程约 4000 千米，滞空时间为 6 小时以上。X-47B 的速度为高亚音速，巡航速度为 0.45 马赫，甚至低于民航客机。

美国 X-51 "乘波者" 试验机

X-51 "乘波者"（Waverider）试验机是美国空军研究实验室与国防高级研究计划局联合主持研制的一款超燃冲压发动机高超声速试验机，由波音公司与普拉特·惠特尼公司共同开发。

结构解析

X-51 试验机有一个扁平的头部、弹体中部设有 4 片可以偏转的小翼（襟翼），进气道在腹部。为了适应高超声速的飞行以及从空间直接载入大气层的飞行，飞机的表面要能承受高达 4500℃ 的高温。为此，整个机身涂覆了一层耐热耐蚀材料，并在腹部覆盖了与航天飞机一样的隔热瓦。

作战性能

X-51 试验机由 1 台 JP-7 碳氢燃料超燃冲压发动机推动，设计飞行速度在 6 ～ 6.5 马赫。这个计划的终极目标就是要发展一种比美国武器库中任何一种导弹的速度都要快 5 倍以上，可以在 1 小时内攻击地球任意位置目标的新武器。X-51 采用的 "乘波体" 技术是一种新颖的飞行机制，与普通飞机采用机翼产生升力的机制截然不同，特别适宜于在大气层边缘以高超声速飞行，具有不可估量的军事威慑力。

美国 XF-85 "哥布林"战斗机

XF-85 "哥布林" （Goblin）战斗机是美国军方委托麦克唐纳公司设计的寄生式战斗机，目的是解决远程战斗机为轰炸机护航的问题。

结构解析

XF-85 战斗机的机身是围绕着 J-34 喷气发动机设计，机身呈蛋形，机头是进气口，在进气口后方是 4 挺勃朗宁 M2 重机枪，主翼是 36 度后掠翼，可以向上折起以便收藏在轰炸机的弹舱内，尾翼被分成三块以节省空间，每架轰炸机可以收藏 1 架，如果不另载炸弹的话最多可以载 3 架。

作战性能

XF-85 战斗机又名子母机，采用轰炸机的弹舱运送，当遇上敌方战斗机就放出，战斗完毕后又可以回收进轰炸机内。该机于 1948 年试飞成功，但由于解决不了再回收问题，再加上长程战斗机和空中加油技术的出现，于 1949 年 10 月正式下马，两架 XF-85 战斗机分别被放在俄亥俄州的戴顿博物馆和内布拉斯加州的战略空军博物馆。

美国 XB-70 "瓦尔基里" 轰炸机

XB-70 "瓦尔基里"（Valkyrie）轰炸机是由美国空军战略司令部授权北美航空洛杉矶分部所设计制造的实验性三倍声速超高空轰炸机，虽然拥有当时最先进的技术概念与惊人的实力，但却因为战争形态的改变与意外，只实际生产了 2 架原型机即宣告计划中断结束。

结构解析

XB-70 是一架长 59.7 米、宽 32 米、三角翼基本构型的大型喷气机，其主翼后掠角约 65.5 度，两侧翼端使用液压可变设计，可根据需要在 25 度到 70 度之间切换。除了在空气动力学设计上的实验性之外，XB-70 还有许多其他前瞻的设计，例如以当时来说极为先进的舱内电子设备，使得它得以简化机组人员至 4 名。

作战性能

XB-70 是世界上第一架载人 "乘波" 飞行器，当其以 3 马赫的巡航速度飞行时，约有 35% 的升力来自 "压缩升力"，而非传统机翼上的升力。由于超声速飞行的需要，XB-70 可以装载和投放传统或核子武器，但却不能外挂任何机外设备。

美国 B-52 "同温层堡垒" 战略轰炸机

  B-52 "同温层堡垒"（Stratofortress）战略轰炸机是美国波音公司研制的一款八发动机远程轰炸机，也是美国战略轰炸机当中唯一可以发射巡航导弹的机种。

结构解析

  B-52 轰炸机的机身结构为细长的全金属半硬壳式，侧面平滑，截面呈圆角矩形。前段为气密乘员舱，中段上部为油箱，下部为炸弹舱，空中加油输油口在前机身顶部。后段逐步变细，尾部是炮塔，其上方是增压的射击员舱。动力装置为 8 台普惠 TF33-P-3/103 涡扇发动机，分四组分别吊装于两侧机翼之下。

作战性能

  B-52 轰炸机安装有 1 门 20 毫米口径的 M61 "火神" 机炮，另外还可以携带 31500 千克各型常规炸弹、导弹或核弹，载弹量非常大。Mk 28 核炸弹是 B-52 轰炸机的主战装备，在弹舱内特制的双层挂架上可以密集携带 4 枚，分两层各并列放置 2 枚。为增强突防能力，B-52 轰炸机还装备了美国第一种战略空对地导弹 AGM-28 "大猎犬" 巡航导弹。

美国 B-1 "枪骑兵" 战略轰炸机

　　B-1 "枪骑兵"（Lancer）战略轰炸机是美国在冷战末期开始服役的超声速可变后掠翼重型长程轰炸机，其采用可变后掠翼设计，有 B-1A 和 B-1B 两种型号。

结构解析

　　B-1A 轰炸机的机身十分修长，前机身布置四座座舱，尾部安装有巨大的后掠垂尾，垂尾根部的背鳍一直向前延伸至机身中部。全动平尾安装在垂尾下方，位置较高。该机的机身中段向机翼平滑过渡，形成翼身融合，可增加升力减轻阻力。为了兼顾高速性能和良好的低速起降性能，该机采用了可变后掠翼设计。B-1B 轰炸机的机身在外观上与 B-1A 相似，但明显加强了结构。

作战性能

　　B-1 轰炸机有 6 个外挂点，可携挂 27000 千克的炸弹。此外，还有 3 个内置弹舱，可携挂 34000 千克的炸弹。得益于由前方监视雷达和自动操纵装置组合而成的地形追踪系统，B-1 轰炸机在平坦的地面上可降低到 60 米的飞行高度。B-1 轰炸机有 7 个独立的油箱，4 个在机身内部，1 个在承力翼盒中，机翼内各有 1 个，总容积达 112635 升。

美国 B-2 "幽灵" 战略轰炸机

B-2 "幽灵"（Spirit）战略轰炸机是美国诺斯洛普·格鲁门公司于 20 世纪 80 年代研制的一款轰炸机，是目前世界上唯一的隐身战略轰炸机，由于造价极高，共生产了 21 架。

结构解析

B-2 轰炸机没有垂尾或方向舵，机翼前缘与机翼后缘和另一侧的翼尖平行。飞机的中间部位隆起，以容纳座舱、弹舱和电子设备。中央机身两侧的隆起是发动机舱，各安装有两台无加力涡扇发动机。机身尾部后缘为 W 形锯齿状，边缘也与两侧机翼前缘平行。由于飞翼的机翼前缘在机身之前，为使气动中心靠近重心，也需要将机翼后掠。

作战性能

在 F-117 攻击机退役、F-35 战斗机尚未服役之时，B-2 轰炸机与 F-22 战斗机是世界上仅有的可以进行对地攻击任务的隐身型机种。B-2 轰炸机不但融合了各种隐身科技与高效能的气动力设计，更可以携带大量酬载，使它的性能遥遥领先所有先前的轰炸机型。由于 B-2 轰炸机采用了大量的自动化操作，大多数的飞行过程中该机只需一名飞行员，另一名机组人员则可以进行休整。此外，B-2 轰炸机的隐身能力使它能安全穿过严密的防空系统进行攻击。

美国 SR-71 侦察机

SR-71 侦察机是美国空军所使用的一款 3 倍声速长程战略侦察机，由美国洛克希德·马丁公司的臭鼬工厂（Skunk Works）研制，1966—1998 年服役。

结构解析

SR-71 侦察机的机身大部分都使用钛合金制造，机翼等重要部位采用了能适应受热膨胀的设计。油箱管道设计巧妙，采用了弹性的箱体，并利用油料的流动来带走高温部位的热量。SR-71 侦察机的主要载荷包括侦察照相机、红外和电子探测器、AN/APQ-73 合成孔径侧视雷达等先进的电子和光学侦察设备。

作战性能

SR-71 侦察机使用了大量当时的先进技术，不但是采取隐形设计的飞机，更能以 3 马赫的高速躲避敌机与防空导弹。SR-71 侦察机所安装的普惠 J-58 发动机是当时唯一可以持续使用加力燃烧室的军用发动机，当飞行速度增加时，发动机的效率也随之提升。而一般喷气发动机无法持续使用加力燃烧室，而且效率在高速时会下降。

美国 SR-72 侦察机

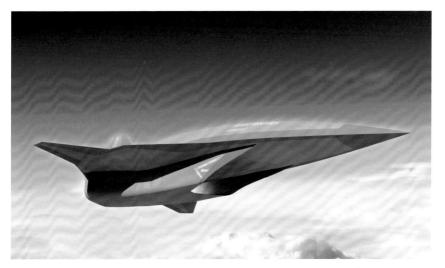

　　SR-72 侦察机是由美国洛克希德·马丁公司于 2007 年提出的新型战略隐身多用途飞机概念，能完成情报收集、侦察、监控、打击等多种任务。

结构解析

　　SR-72 侦察机采用两段变速的方式，第一步是用传统涡轮发动机让飞机加速至 3 马赫，然后利用洛克希德·马丁与洛克达因公司联手打造的"超声速燃烧喷射推进发动机"，将速度提升至 6 马赫。在 SR-72 侦察机的构想图中，看不到驾驶舱座罩，意味着它可能是无人机。

作战性能

　　SR-72 侦察机主要用于取代 SR-71 侦察机，其最高飞行速度达到了惊人的 6 马赫，是 SR-71 侦察机最大飞行速度的 2 倍，是目前第四代战斗机最大飞行速度的 3 倍，甚至比一些常见的导弹还要快。由于其速度优势，一些著名的地空导弹甚至无法追上这种飞机，从而无法拦截和击落它。

美国 U-2 "蛟龙夫人" 侦察机

U-2 "蛟龙夫人"（Dragon Lady）侦察机是美国洛克希德·马丁公司为了美国政府要求为特定目的制造的高空间谍侦察机，装有当时最先进的侦察设备，1956 年开始服役。

结构解析

U-2 侦察机采用全金属悬臂式中单翼，使用洛克希德专门翼型。细长的机翼在降落时会低垂而碰撞地面，为此翼尖装有滑橇。机身为细长的圆截面全金属半硬壳薄规格蒙皮结构，长径比为 10:1。后段机身两侧有液压操纵阻力板。悬臂全金属结构尾翼为正常布局，平尾可由液压操纵绕前缘改变安装角。

作战性能

U-2 侦察机安装有 8 台侦察用的全自动照相机，能全天候工作且分辨率高。另外，还有实施电子侦察的雷达信号接收机、无线电通信侦收机、辐射源方位测向机和电磁辐射源磁带记录机等机载设备。

美国 CH-47 "支努干" 直升机

CH-47 "支努干"（Chinook）直升机是美国波音公司研制的双发中型运输直升机，外形与一般直升机有较大区别。该机于 1961 年首次试飞，于 1962 年开始服役。

结构解析

CH-47 直升机采用双旋翼纵列式结构，剔除了一般直升机的尾部垂直螺旋桨，允许机体垂直升降，最大飞行速度达 315 千米 / 时。CH-47 直升机有两副可人工折叠的主旋翼，分别位于机头和机尾的上方。部分型号的机身上半部分为水密隔舱式，可在水面起降。

作战性能

作为现代直升机家族中的另类，CH-47 直升机以其卓越的性能备受青睐，20 世纪 60 年代以来的美军行动中几乎每次都出现过它的身影。CH-47 直升机具有全天候飞行能力，可在恶劣的高温、高原气候条件下完成任务。该机还可进行空中加油，具有远程支援能力。CH-47 直升机可运载 33 ~ 35 名全副武装的士兵，或运载 1 个炮兵排，还可吊运火炮等大型装备。

美国 CH–54 "塔赫" 直升机

  CH-54 "塔赫"（Tarhe）直升机是美国西科斯基公司研制的双发单桨起重直升机，外形极为独特，主要装备美国陆军。

结构解析

  CH-54 直升机采用全铰接式 6 片铝合金桨叶旋翼，尾桨由 4 片铝合金叶桨组成。机身为铝合金和钢制成的半硬壳吊舱尾梁式结构。机身在驾驶舱后面部分沿用可卸吊舱形式，采用不可收放的前三点式起落架。为装卸货物方便，起落架可通过液压轴伸长或缩短。

作战性能

  CH-54 直升机主要用来运输战斗人员、装甲车辆、大型设备，也可用于回收那些因为过于沉重而使得 CH-47 "支奴干" 直升机无法运载的飞机。CH-54 直升机也用于从船上向岸上卸货，还被用于投掷重达 4536 千克的巨型炸弹，以在浓密的丛林中开辟直升机着陆场。

美国 VZ-1 "波尼人"旋翼机

VZ-1 "波尼人"（Pawnee）旋翼机是美国希勒公司于 20 世纪 50 年代为美国陆军研制的直接升力旋翼机，1957 年 11 月首次试飞，最终因技术问题而被取消。

结构解析

VZ-1 旋翼机装有一个动力强劲的反向旋转涵道风扇，安装在可搭载一个飞行员的平台内。飞行员需要通过摆动身体使平台向预期方向倾斜，以此操纵飞机向所需方向飞行。

作战性能

虽然 VZ-1 旋翼机看起来很有特色，但实际的飞行效果却非常差。该机的最大飞行速度只有 26 千米／时，并且很难操纵。同时期的一些单人喷气式飞行平台也有同样问题，但由此衍生出了一项对未来导弹武器至关重要的技术——小型化涡轮喷气发动机。

美国 XC-142 倾转旋翼机

　　XC-142 倾转旋翼机是美国于 20 世纪 60 年代研制的试验型倾转旋翼机，由美国陆军、海军和空军三军联合研制，最终由于技术原因于 1967 年下马。

结构解析

　　XC-142 倾转旋翼机的 4 台发动机和 5 个螺旋桨（4 个推进螺旋桨加 1 个机尾的姿态控制螺旋桨）全部交联，所以只要还有 1 台发动机在工作，5 个螺旋桨都会转动，尽管可能动力不足。XC-142 倾转旋翼机用螺杆千斤顶控制机翼的倾转，动作平稳，但是非常迟缓。

作战性能

　　美国空军对 XC-142 倾转旋翼机作了大量的测试，包括空运、空投、沙漠及山地环境适应、航空母舰起降、搜索救援、装载机动车辆等。该机的最大缺陷是可靠性差，机翼像门板一样，受横向风的影响太大，发动机对推力的控制不够灵敏。

美国 V-22 "鱼鹰" 倾转旋翼机

　　V-22 "鱼鹰"（Osprey）倾转旋翼机由美国贝尔公司和波音公司联合研制，2007 年开始在美国海军陆战队服役。2009 年，美国空军也开始配备。

结构解析

　　V-22 倾转旋翼机的机身、机翼和普通固定翼飞机基本相似，但是其位于机翼两端的螺旋桨发动机却可以上下转动。当螺旋桨发动机从水平状态转到垂直状态时，V-22 就可以像直升机一样实现垂直起降和悬停，当螺旋桨发动机处于水平状态时，就能给飞机一个向前的推力，使它能像固定翼飞机一样飞行。当螺旋桨发动机处于这两种状态之间时，既产生了升力，又产生了推力，使飞机能以低速飞行。

作战性能

　　V-22 倾转旋翼机将直升机和固定翼飞机的特点集于一体，实现了两者的完美结合。它不仅具备直升机的垂直升降能力，还拥有固定翼螺旋桨飞机高速、航程远及耗油量低等优点。不过，V-22 倾转旋翼机也有技术难度高、研制周期长、气动特性复杂、可靠性及安全性低等缺陷。

美国 F-117 "夜鹰" 攻击机

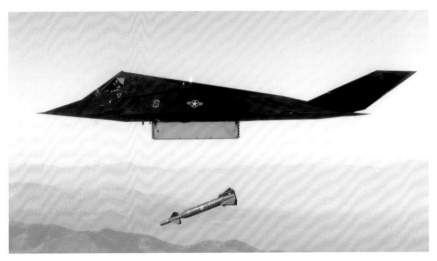

F-117 "夜鹰" (Nighthawk) 攻击机是洛克希德公司研制的隐身攻击机，也是世界上第一种可正式作战的隐身战机，1982 年开始服役。

结构解析

F-117 攻击机的外形与众不同，整架飞机几乎全由直线构成，连机翼和 V 形尾翼也都采用了没有曲线的菱形翼形。全机干净利索，没有任何明显的突出物，除了机头的 4 个多功能大气数据探头外，就连天线也设计成了可上下伸缩。F-117 攻击机可进行空中加油，加油口位于机身背部。

作战性能

在理论上，F-117 攻击机几乎能携带美国空军军械库内的任何武器，包含 B61 核弹。少数炸弹因为体积过大，或是与 F-117 攻击机的系统不相容而无法携带。F-117 攻击机的两个武器舱具有 2300 千克的装载能力，一般而言是携带成对的 GBU-10、GBU-12 或 GBU-27 激光制导炸弹。F-117 攻击机的缺点在于速度慢，机动性能差，这主要是因为机身结构、布局为照顾隐身需要，气动性能不佳。

美国 AC-119 攻击机

AC-119 攻击机是美国空军在 C-119 运输机基础上改装的重型攻击机，是美国空军继 AC-47 之后的新一代"空中炮艇"，有 AC-119G"暗影"（Shadow）和 AC-119K"蜇刺"（Stinger）两种型号。

结构解析

C-119 运输机采用上单翼结构，有利于在机身侧面布置武器。AC-119 攻击机在 C-119 运输机基础上安装了 2 门 M61A1 20 毫米口径的 6 管机炮和 4 挺 SUU-11/A 7.62 毫米口径的机枪。此外，AC-119 在机身左侧安装了 1 部 AVQ-8 氙探照灯，机身右侧安装了 LAU-74A 照明弹发射器。

作战性能

"空中炮艇"是人类航空史上极为特殊的一小群飞机，是一种在特定历史时期为特定战场定制的专用武器。作为 AC-47 的继任者，AC-119 攻击机拥有更强大的对地攻击火力。经过实战检验后，飞行员对 AC-119 攻击机的 7.62 毫米口径的机枪更为青睐，因为对比 20 毫米口径的机关炮，飞机可以携带更多的小口径机枪弹药。

美国 AC-130 攻击机

AC-130 攻击机是美国空军装备的重型攻击机系列，以 C-130 "大力神" 运输机为基础改装而成，拥有非常强大的对地攻击火力。

结构解析

AC-130 攻击机是以 C-130 运输机为基础改进而来的，在机门、机舱侧面等处加装了搜索瞄准装置和机炮，增加了武器挂架，形成 "空中炮艇"。AC-130 攻击机采用上单翼、四发动机、尾部大型货舱门的机身布局，主起落架舱的设计很巧妙，起落架收起时处在机身左右两侧旁突起的流线型舱室内。

作战性能

AC-130 攻击机装有各种不同口径的机炮，后期机种甚至搭载了博福斯炮或榴弹炮等重型火炮。以 AC-130U 攻击机为例，机载武器包含了一具侧向的博福斯 40 毫米口径的 L/60 速射炮与 M102 型 105 毫米口径的榴弹炮。原本在 AC-130H 攻击机上的 2 具 M61 机炮被 1 具 25 毫米口径的 GAU-12 机炮所取代，拥有 3000 发弹药。除了强大的火力外，AC-130U 攻击机在电子战能力上也有了大幅提升，主要设备包括休斯 AN/APQ-180 火控雷达、德州仪器 AAQ-117 前视红外仪、洛克威尔 ALQ-172 电子干扰器等。

美国 MQ-1 "捕食者" 无人机

MQ-1 "捕食者"（Predator）无人机是美国通用原子技术公司研制的无人攻击机，自 1995 年服役以来，先后在阿富汗、伊拉克和也门等国参加过战斗。

结构解析

MQ-1 无人机采用低置直翼、倒 V 形垂尾、收放式起落架、推进式螺旋桨，传感器炮塔位于机头下面，上部机身前方呈球茎状。MQ-1 无人机的动力装置为 1 台罗塔克斯 914F 涡轮增压四缸发动机，最大功率为 86 千瓦。

作战性能

MQ-1 无人机可在粗略准备的地面上起飞升空，起降距离约 670 米，起飞过程由遥控飞行员进行视距内控制。在回收方面，MQ-1 无人机可以采用软式着陆和降落伞紧急回收两种方式。MQ-1 无人机可以在目标上空滞留 24 小时，对目标进行全面监视，最大续航时间高达 60 小时。该机的侦察设备在 4000 米高处的分辨率为 0.3 米，对目标定位精度达到极为精确的 0.25 米。

美国 RQ-3 "暗星" 无人机

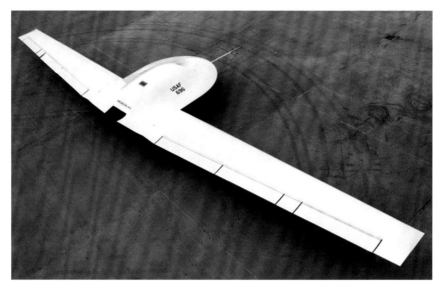

RQ-3 "暗星"（Dark Star）无人机是波音公司和洛克希德·马丁公司联合研制的无人侦察机，主要用来执行高威胁区域上空的侦察任务。

结构解析

RQ-3 无人机采用了无尾翼身融合体的设计方案，外形较为奇特。该机的机体较薄，机翼又长又窄，机翼的平面形状基本为矩形。这种外形设计主要是为了兼顾隐身能力和飞行性能，尽量减小飞机的雷达反射截面积。RQ-3 无人机的发动机为 FJ44 涡轮风扇发动机，进气口在机头上方，后机身下部是尾喷口。

作战性能

RQ-3 无人机具备自主起飞、自动巡航、脱离和着陆的能力，能够在飞行中改变飞行程序，从而执行新的任务。RQ-3 无人机装备的侦察设备包括合成孔径雷达和电光探测器，具有探测范围大和通用性好的特点。该机的续航能力 8 小时，其监视覆盖面积高达 48000 平方千米。

美国 RQ-4 "全球鹰" 无人机

　　RQ-4 "全球鹰" (Global Hawk) 无人机是美国诺斯洛普·格鲁曼公司研制的无人侦察机，主要任务是在低中威胁度地区上空执行侦察任务。

结构解析

　　"全球鹰" 是一种巨型无人机，其翼展和一架中型客机相近。机身为普通的铝合金，机翼则是碳纤维。整个 "全球鹰" 系统分为四个部分，即机体、侦测器、航空电子系统、数据链。地上部分主要有两大部分，即发射维修装置 (LRE) 和任务控制装置 (MCE)。

作战性能

　　"全球鹰" 无人机的机载燃料超过 7 吨，自主飞行时间长达 41 小时，可以完成跨洲飞行。它可在距发射区 5556 千米的范围内活动，可在目标区上空 18300 米处滞留 24 小时。"全球鹰" 无人机装有高分辨率合成孔径雷达 (SAR)，还有光电红外线模块 (EO/IR)，提供长程长时间全区域动态监视。"全球鹰" 无人机还可以进行波谱分析的谍报工作，提前发现全球各地的危机和冲突，也能协助引导空军的导弹轰炸，降低误击率。

美国 MQ-5 "猎人" 无人机

　　MQ-5 "猎人" （Hunter）无人机是美国陆军现役的无人侦察机，由美国汤姆森·拉莫·伍尔德里奇公司和以色列航空工业公司联合研制。

结构解析

　　"猎人" 无人机搭载的侦察设备主要为以色列航空工业公司开发的多功能光电设备（MOSP），其设备包括了电视和前视红外（FLIR），具备昼夜侦察能力。此外，该无人机还装备了 1 具激光指向器和多种通信系统，以及诺斯罗普·格鲁曼公司研制的通信干扰、通信告警接收机和雷达干扰机等电子对抗设备。

作战性能

　　"猎人" 无人机的主要功能是搜集实时图像情报、炮兵调整、战场损失估计、侦察和监视、搜寻目标、战场观察等。该机的 GCS-3000 地面控制站由 2 名操作员控制，跟踪、指挥、控制和联络 "猎人" 飞行器及其设备。1 个地面控制站可以控制 1 架或 2 架交替的无人机。

美国 RQ-7 "影子" 无人机

RQ-7"影子"（Shadow）无人机是美国陆军装备的无人侦察机，享有"陆军的眼睛"的称号。

结构解析

RQ-7 无人机是美国陆军"固定翼战术无人机"（TUAC）项目中最重要的部分，全套系统包括飞机、任务载荷模块、地面控制站、发射与回收设备和通信设备。在作战时，RQ-7 系统需要 4 辆多功能轮式装甲车运输，其中 2 辆装载零部件，2 辆作为装甲运兵车搭载操作人员。

作战性能

RQ-7 无人机具有体积小、重量轻的特点，整套系统可通过 C-130 运输机快速部署到战区的任何一个地方。该无人机的探测能力较强，可探测到距离陆军旅战术作战中心约 125 千米外的目标，并可在 2438 米的高空全天候侦察到 3.5 千米倾斜距离内的地面战术车辆。

美国 MQ-9 "收割者" 无人机

　　MQ-9 "收割者"（Reaper）无人机是美国通用原子技术公司研发的无人攻击机，主要为地面部队提供近距空中支援。

结构解析

　　MQ-9 是专门设计作为攻击用途的无人机，它比 MQ-1 的尺寸更大、载重量更高。尽管 MQ-9 无人机和 MQ-1 无人机在机身性能上存在差别，但两者仍然共用相同的控制界面。每架 "收割者" 无人机都配备 1 名飞行员和 1 名传感器操作员，他们在地面控制站内实现对 MQ-9 无人机的作战操控。飞行员虽然不是在空中亲自驾驶，但手中依旧操纵着控制杆，同样拥有开火权，而且还要观测天气，实施空中交通管制，施展作战战术。

作战性能

　　MQ-9 无人机装备有先进的红外设备、电子光学设备以及微光电视和合成孔径雷达，拥有不俗的对地攻击能力，并拥有卓越的续航能力。此外，

MQ-9 无人机还可以为空中作战中心和地面部队收集战区情报，对战场进行监控，并根据实际情况开火。相比 MQ-1 无人机，MQ-9 无人机的动力更强，飞行速度可达 MQ-1 的 3 倍，而且拥有更大的载弹量，装备 6 个武器挂架，可搭载"地狱火"导弹和重达 500 磅的炸弹等武器。

美国 RQ-170 "哨兵" 无人机

RQ-170 "哨兵"（Sentinel）无人机是由美国洛克希德·马丁公司研制的隐形无人机，被外界称为"坎大哈野兽"。

结构解析

RQ-170 无人机沿用了"无尾飞翼式"的设计理念，外形与 B-2 隐形轰炸机相似，如同一只回飞镖。与 F-117A 隐形战斗机与 B-2 隐形轰炸机不同的是，RQ-170 无人机的机翼并没有遮蔽排气装置，这样做的目的可能是避免敏感部件进入飞机平台后遭遇操作损失，并最终导致这样的技术误入他人之手。

作战性能

由于美国军方尚未完全公开 RQ-170 无人机的信息，因此外界对其作战性能知之甚少。根据公开的图像，航空专家估计 RQ-170 无人机配备了电光/红外传感器，机身腹部的整流罩上还可能安装有主动电子扫描阵列雷达。机翼之上的两个整流罩装备数据链，机身腹部和机翼下方的整流罩安装模块化负载，从而允许无人机实施武装打击并执行电子战任务。另外，RQ-170 无人机甚至可能配备了高能微波武器。

美国"复仇者"无人机

  "复仇者"（Avenger）无人机是由美国通用原子技术公司研制的隐身无人战斗机，原型机于 2009 年 4 月首次试飞，截至 2017 年 5 月仍处于试验阶段。

结构解析

  "复仇者"无人机是在 MQ-9"收割者"无人机的基础上研制而成，是为美国未来空战需求而开发的新型无人机。该机体积庞大，可搭载 1.36 吨的有效载荷，发动机为推力高达 2177 千克的普惠 PW545B 喷气发动机。在执行非隐身任务时，可在无人机的机身和机翼下挂装武器和其他任务载荷，包括附加油箱。

作战性能

  "复仇者"无人机的大功率发动机可让它的飞行速度达到 MQ-1"捕食者"无人机的 3 倍以上。"复仇者"无人机有 1 个长达 3 米的武器舱，可携带 227 千克级炸弹，包括 GBU-38 型制导炸弹制导组件和激光制导组件。另外还可以将武器舱拆掉，安装 1 个半嵌入式广域监视吊舱。

美国"弹簧刀"无人机

"弹簧刀"（Switch blade）无人机是由美国航空环境公司研制的微型无人机，2012 年开始进入美国陆军和海军陆战队服役。

结构解析

"弹簧刀"无人机仅重 6.8 千克，长约 45 厘米，能装入步兵背包。该无人机可由单兵使用低费用弹射器发射，然后依靠电池动力飞行，携带有监视仪器，可对地面移动目标实施跟踪监控，机体内还装备有 1 个小型炸弹。一旦操控者认为目标值得攻击，即可锁定目标。此时，"弹簧刀"就会收起机翼，变身为 1 枚小型巡航导弹，直接撞向目标引爆炸弹，与目标同归于尽。

作战性能

"弹簧刀"无人机既可实施侦察监视，又可使用威力较小的武器对单人目标实施精确杀伤，从而避免现有无人机发射大威力导弹容易殃及无辜的缺点。美军认为，使用"弹簧刀"无人机能显著削弱敌方火力，如攻击狙击手、机枪和迫击炮等。

美国"阿克伦"级飞艇

　　"阿克伦"级（Akron Class）飞艇是美国在 20 世纪 30 年代研制的硬式飞艇，也被称为"空中航空母舰"。"阿克伦"级飞艇共建造了两艘，分别为"阿克伦"号和"梅肯"号。

结构解析

　　与充气式飞艇不同，"阿克伦"级飞艇的坚固外壳全部是用铝合金材料制造，飞艇长约 240 米，可搭载 5 架"雀鹰"双翼单座战斗侦察机，里面有 12 个充满氦气的大隔间，从而让这个庞然大物可以在空中漂浮飞行。

作战性能

　　"雀鹰"侦察机通过"阿克伦"级飞艇上的一种特殊的"秋千"式装置进行释放和回收，经过专门培训的飞行员可以在半空中自由地操控它们，这些侦察机可以伴随飞艇大范围巡逻而不用降落。美国海军将"阿克伦"级飞艇及"雀鹰"侦察机作为远程侦察机供太平洋舰队使用，向海军舰只提供来自空中和海上威胁的预警。

美国 YAL-1 机载激光系统

　　YAL-1 机载激光系统是美国波音公司研制的机载武器系统，装设于改装后的波音 747-400F，可以拦截战术弹道导弹。YAL-1 系统原计划于 2008 年服役，但受限于研发难度和成本问题，最终于 2011 年年底被取消。

结构解析

　　YAL-1 系统使用红外线感测器对导弹进行搜索，在发现目标后三道低功率追踪激光会用来协助计算导弹的航向、速度、瞄准点以及大气扰动。因为大气扰动会使激光光速偏斜，YAL-1 激光系统有光学适应性通过补偿组件来抵消大气扰动。主激光炮设在机头的多向炮塔内，可以发射 3 ～ 5 秒持续破坏到导弹内部。

作战性能

　　YAL-1 系统的原始设计是对抗战区弹道导弹（TBM）和洲际弹道导弹（ICBM），理论上也可以对付飞机、巡航导弹和低轨道卫星。根据设计，YAL-1 系统不能拦截导弹于终端、下降段、飞行段，因为激光必须在目标数百千米内才有威力。

美国 AGM-129 隐身巡航导弹

AGM-129 隐身巡航导弹是美国于 20 世纪 80 年代研制的战略空射巡航导弹，具有较好的隐身性能，可由 B-52 型、B-1 型、B-2 型等轰炸机携带。

结构解析

AGM-129 巡航导弹采用独特的隐身气动外形设计和巧妙的结构布局，使导弹具有较好的隐雷达、隐红外和隐声学的性能。弹体和翼面均采用吸收电磁波的复合材料和吸波涂料，大幅减少了导弹对雷达电磁波的反射，不易被敌方雷达探测。

作战性能

AGM-129 巡航导弹的雷达反射截面积从"战斧"巡航导弹的 0.05～0.1 平方米降为 0.01 平方米，能够有效躲避雷达和地面防空体系，在任何地形条件下摧毁敌方坚固的地面工事。该种导弹最初计划生产 2500 枚，后来被削减到 1460 枚和 1000 枚。最后冷战结束，1992 年美国空军宣布暂停生产，截至 1993 年最后 1 枚 AGM-129 巡航导弹出厂，总共生产了 460 枚。

美国 AGM-158 联合空对地防区外导弹

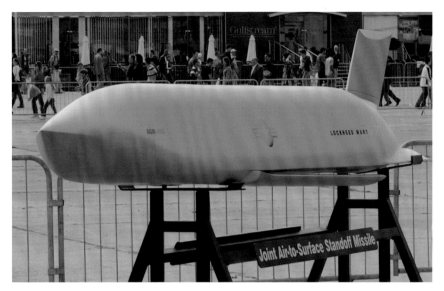

AGM-158 联合空对地防区外导弹（Joint Air-to-Surface Standoff Missile，JASSM）是美国洛克希德·马丁公司研制的空射巡航导弹，是目前世界上最先进的巡航导弹之一。

结构解析

AGM-158 导弹采用涡轮喷射发动机，可使用爆破杀伤弹和穿甲弹等多种类型的战斗部，采用惯性制导加 GPS 中制导与红外成像末制导，并可进行攻击效果评定。该导弹加装了抗干扰模块，能在对 GPS 干扰的环境下使用，并大量采用隐身技术，具有昼夜全天候的作战能力。

作战性能

AGM-158 主要用于精确打击敌方严密设防的高价值目标，具有精确打击和隐身突防能力，可攻击固定和移动目标，并具有大面积杀伤能力。美国空军计划在未来战争中首先使用该导弹，用于摧毁敌方防空系统和指挥控制系统，然后再由轰炸机等作战飞机携带较便宜的联合直接攻击弹药实施进一步打击。

美国大型空爆炸弹

大型空爆炸弹（Massive Ordnance Air Blast bomb，MOAB）是美国研制的非核子重型炸弹，代号 GBU-43/B，也被戏称为"炸弹之母"（Mother Of All Bombs）。

结构解析

"炸弹之母"的长度为 9.17 米，直径为 102.9 厘米，重达 9450 千克。"炸弹之母"使用 8482 千克 H6 作为高爆装填物，这是美军使用的一种强力炸药，为 RDX、TNT 和铝的一个易爆组合，拥有 1.35 倍 TNT 的威力。

作战性能

"炸弹之母"可将半径 300 ～ 500 米的氧气燃烧到只有原来 1/3 的浓度。由于它的巨大体积和重量，必须从 C-130 运输机或 C-17 运输机类的货机上投放。"炸弹之母"由全球定位系统引导，并且使用降落伞投放，因此与它的前辈 BLU-82 型炸弹相比，"炸弹之母"可以在更高的地方投下，准确性也更高。

美国巨型钻地弹

　　巨型钻地弹（Massive Ordnance Penetrator，MOP）是一种由美国空军制定的大型精确制导钻地炸弹，代号 GBU-57A/B，为"碉堡克星"系列的新成员。因预估其威力可能超过俄罗斯"炸弹之父"，故有媒体称其为"炸弹之祖"。

结构解析

　　"炸弹之祖"在尾部安装了 4 个栅格形尾翼，不但可以在滑翔飞行中调整飞行方向，实施精确打击，而且可以在最后的飞行段，将炸弹调整到多种角度的攻击位置，使其以最有效的攻击角度进行攻击。

作战性能

　　作为炸弹中的"巨无霸"，"炸弹之祖"的高强度合金外壳内装 2 吨烈性炸药，使其有能力摧毁地下 60 米深的堡垒。"炸弹之祖"使用全球定位系统（GPS）制导，由轰炸机搭载。除了 GPS 外，还保留了惯性制导（INS）方案，这使它在 GPS 信号受到干扰时仍能较为精准地打击目标。

美国 B53 核弹

　　B53 核弹曾是美国核武库中威力最大的武器，也是美国历史上造出的杀伤力最大的热核武器。该核弹于 1962 年开始服役，1997 年退役，服役期间被部署在 B-47、B-52 和 B-58 轰炸机上。

结构解析

　　B53 核弹重约 4.5 吨，长 3.8 米，直径约 1.3 米，大小相当于 1 辆小卡车。B53 核弹是使用高浓缩铀和 95% 富集锂 -6 氘聚变燃料的两级内爆武器，有两个版本，即 B53-Y1 和 B53-Y2。B53 核弹被设计为使用 5 个降落伞空投，而自由落体空气爆炸也同样适用。

作战性能

　　B53 核弹主要用于摧毁敌方地下设施，爆破时的冲击波能够摧毁方圆 6 千米内的所有建筑物，有效杀伤直径 15 千米。据称，B53 核弹的威力是广岛爆炸的原子弹的 600 倍，相当于 900 万吨 TNT 炸药。B53 核弹曾是美国核战略的基石，在美苏冷战最紧张的年代，这类"大杀器"被大批量地制造出来，使整个世界都处在核毁灭的阴影之中。

俄罗斯 K-7 轰炸机

K-7 轰炸机是苏联在 20 世纪 30 年代设计的一种巨型飞机，主要作为巨型轰炸机。因为设计太过激进和巨大，K-7 在原型机坠毁后就没有再继续发展。

结构解析

K-7 轰炸机最大的特点就是巨大无比的飞翼结构，翼展达 53 米，厚度 2.33 米。如此巨大的机翼是为了达成巨大的航程和载重量。为了平衡升力，K-7 装有传统的尾翼结构。K-7 具有两个巨大的不可收放起落架，位于机翼的两侧，乘员通过起落架内的通道进入飞机。

作战性能

苏军希望充分利用 K-7 巨大的机身，把它当作一个真正的飞行堡垒。整架飞机被 7.62 毫米口径的机枪和 20 毫米口径的机关炮密布，完全没有射击死角。如果用作轰炸机，K-7 可以携带 9 ～ 16 吨炸弹，也可携带 112 名伞兵或轻型坦克。

俄罗斯图 –95 "熊" 战略轰炸机

图 –95 "熊"（Bear）战略轰炸机是苏联图波列夫设计局研制的远程战略轰炸机，1956 年开始服役。

结构解析

图 –95 战略轰炸机的机身为半硬壳式全金属结构，截面呈圆形。机身前段有透明机头罩、雷达舱、领航员舱和驾驶舱。后期改进型号取消了透明机头罩，改为安装大型火控雷达。起落架为前三点式，前起落架有两个机轮，并列安装。

作战性能

图 –95 战略轰炸机使用 4 台 NK-12 涡轮螺旋桨发动机，最大时速超过了 900 千米，这使其成为速度最快、最大的螺旋桨飞机。在武装方面，图 –95 战略轰炸机除了安装有单座或双座 23 毫米口径的 Am-23 机尾机炮外，还能携挂 25 吨重的炸弹和导弹，其中包括可使用 20 万吨当量核弹头的 Kh-55 亚音速远程巡航导弹。

俄罗斯图 -22M "逆火"战略轰炸机

图 -22M "逆火"（Backfire）战略轰炸机是苏联图波列夫设计局研发的战略轰炸机，1972 年开始服役。

结构解析

图 -22M 战略轰炸机的机身普通半硬壳结构，机翼前的机身截面为圆形。该机最大的特色在于变后掠翼设计，低单翼外段的后掠角可在 20 ～ 55 度之间调整，垂尾前方有长长的脊面。在轰炸机尾部设有 1 个雷达控制的自卫炮塔。起落架为可收放前三点式，主起落架为多轮小车式，可向内收入机腹。

作战性能

图 -22M 战略轰炸机装有 1 门 23 毫米口径的双管炮，其机载设备较新，包括具有陆上和海上下视能力的远距探测雷达。该机的动力装置为 2 台并排安装的大推力发动机，其中图 -22M2 型使用的是 HK-22 涡扇发动机，图 -22M3 型则使用 HK-25 涡扇发动机。除机炮外，图 -22M 轰炸机还可挂载重达 21000 千克的炸弹和导弹。

俄罗斯图 –160 "海盗旗" 战略轰炸机

图 –160 "海盗旗"（Blackjack）战略轰炸机是苏联图波列夫设计局研发的长程战略轰炸机，是当前世界上最大的轰炸机。

结构解析

与美国 B-1 轰炸机相比，图 –160 轰炸机要大将近 35%。该机可变后掠翼在内收时呈 20 度角，全展开时呈 65 度角；图波列夫设计局在它的襟翼后缘上加上双重稳流翼，这样可以减少翼面上表面与空气接触的面积，降低阻力。除了可变后掠翼之外，它还具备可变式涵道，以适应高空高速下的进气方式。由于机体庞大，图 -160 驾驶舱后方的成员休息区甚至还设有一个厨房。

作战性能

图 –160 的作战方式以高空亚声速巡航、低空高亚声速或高空超声速突防为主。在高空可发射具有火力圈外攻击能力的巡航导弹。进行防空压制时，可发射短距攻击导弹。另外，该机还可低空突防，用核炸弹或导弹攻击重要目标。据说图 –160 作为火箭载机与"纤夫"飞航式火箭组合可以把轻型卫星送入地球轨道。

俄罗斯安 –225 "哥萨克" 运输机

安 –225 "哥萨克"（Cossack）运输机是安东诺夫设计局研制的六发重型运输机，1989 年 5 月投入使用，目前仍是世界上最大的运输机与飞机。

结构解析

安 –225 最初是作为运输火箭用途而设计的，货舱形状非常平整，整个货舱全长 43.51 米，最大宽 6.68 米，货舱底板宽 6.40 米，最大高度 4.39 米。为了方便巨大货物的进出，安 –225 与大部分大型货机一样，采用可以上掀打开的"掀罩"机首，并把驾驶舱设在主甲板上方的二楼处。

作战性能

安 –225 货舱内可装载 16 个集装箱，大型航空航天器部件和其他成套设备，如天然气、石油、采矿、能源等行业的大型成套设备和部件。机背能负载超长尺寸的货物，如直径 7 ～ 10 米、长 20 米的精馏塔，俄罗斯的"能源"号航天器运载火箭和"暴风雪"号航天飞机。这样将大型器件从生产装配厂整运至使用场所，既保证了产品质量，又缩短了运输周期。

俄罗斯"暴风雪"号航天飞机

"暴风雪"（Buran）号航天飞机是苏联唯一在自动驾驶模式下进行过太空飞行的航天飞机，1988 年首次试飞。

结构解析

"暴风雪"号航天飞机大小与普通大型客机相差无几，外形同美国航天飞机相仿，机翼呈三角形。它有 1 个长 18.3 米、直径 4.7 米的大型货舱，能把 30 吨重的货物送上近地轨道，将 20 吨重的货物运回地面。头部有一个容积 70 立方米的乘员座舱，可乘坐 10 人，设计飞行寿命 100 次。

作战性能

"暴风雪"号在某些技术方面要优于美国的航天飞机，它的主发动机在"能源"号火箭上，大大地减轻了航天飞机的入轨重量。虽然它比美国的航天飞机略大一些，但它的重量反而轻了约 5 吨，这样就可以多装一些有效负荷。虽然"暴风雪"号航天飞机没有主发动机，但有两台小型机动发动机，着陆时如果第一次没成功，还可以像普通飞机一样飞起来，再次进行着落，安全性能较高。

俄罗斯 V-12 直升机

V-12 直升机是苏联米尔莫斯科直升机工厂（原米里实验设计局）于 20 世纪 60 年代研制的实验重型直升机，也是世界上最大的直升机。由于研制工作不顺利，加之技术更新使常规布局的重型直升机成为可能，所以计划被取消。

结构解析

V-12 直升机采用并列双旋翼布局，两翼分别带有一个螺旋桨，每个螺旋桨的直径达到 35 米，当它们旋转起来，螺旋桨可触碰的死亡地带长达 67 米，超过波音 747 客机。

作战性能

V-12 直升机的最大起飞重量达到了 105 吨，它的各项超级参数都被写进了国际航空协会纪录和吉尼斯世界纪录。不过，由于 V-12 直升机的体积过于庞大，所以机动性很差，而且操作不便。

俄罗斯"伦"级地效翼飞机

"伦"级地效翼飞机（Lun class ekranoplan）是苏联阿利克斯耶夫设计局研制的一种介于飞机、舰船和气垫船之间的一种新型高速飞行器，是当时最大的海上飞机之一，西方国家曾称其为"里海怪物"。

结构解析

与飞机不同的是，"伦"级地效翼飞机主要在地效区飞行，也就是贴近地面、水面飞行，而飞机主要在地效区以外飞行；与气垫船不同的是，气垫船靠自身动力产生气垫，而"伦"级地效翼飞机靠地面效应产生气垫。"伦"级地效翼飞机的机身长度为 63.6 米，装有 8 台 HK-87 涡轮风扇发动机，另有 2 台 TA-6A1 辅助发动机。

作战性能

"伦"级地效翼飞机的最大排水量 380 吨，最大载货量 400 吨，最大飞行速度 520 千米／时，水上航速 40 节。武器方面，安装了 3 座双联装 P-100"白蛉"导弹发射架和 4 门 23 毫米口径的机关炮。

俄罗斯 AN602 氢弹

　　AN602 氢弹是苏联在冷战期间制造的氢弹，绰号"沙皇炸弹"。该弹共制造了两枚，其中一枚于 1961 年 10 月 30 日在新地岛试爆，另一枚作为研究备用。

结构解析

　　AN602 氢弹是人类迄今所制造过所有种类的炸弹中，体积、重量和威力均为最强大的炸弹，长 8 米，直径 2 米，重达 27 吨。它的爆炸当量本来相当于 1 亿吨的 TNT 炸药，不过苏联担心试爆后的核子落尘会对环境造成严重影响，因此将该核弹减半为 5000 万吨的爆炸威力。

作战性能

　　即使刻意缩减了 AN602 氢弹爆炸威力，其威力也依旧是"二战"末期投掷于广岛的"小男孩"原子弹的近 4000 倍。虽然苏联成功完成了试爆，但并没有将 AN602 氢弹列为现役武器，仅作为苏联在军力上的象征与展示。

俄罗斯空投高功率真空炸弹

　　空投高功率真空炸弹（Aviation Thermobaric Bomb of Increased Power，ATBIP）是俄罗斯秘密研发的真空弹，俗称"炸弹之父"（Father of All Bombs），于 2007 年 9 月 11 日使用图 -160"海盗旗"战略轰炸机进行投放测试。

结构解析

　　"炸弹之父"采用纳米科技制造，比美国"炸弹之母"的体积更小，内装 7100 千克新型高爆炸药，尽管总装药量少于美国"炸弹之母"的 8200 千克，但因配方先进，所以威力反而要大得多。

作战性能

　　"炸弹之父"的真空设备能产生 44 吨 TNT 的威力，因此能散发有小型核武器威力的冲击波。"炸弹之父"会在半空中爆炸，而主要破坏是由爆炸产生的超声波冲击波和极高温。"炸弹之父"的冲击波半径是 300 米，是美国"炸弹之母"的 2 倍。

英国"雷神"无人机

"雷神"（Taranis）无人机是英国航太系统公司研发中的无人战斗机，于 2010 年推出技术验证机，外形类似于美国 B-2 隐形轰炸机。

结构解析

"雷神"是一款三角翼高科技战机，采用低可观测外形设计和总体布局，大量应用了低可探测性复合材料，且制造精度非常高。发动机进气道的后部管道采用了先进的纤维铺设技术，可有效躲避雷达的探测。该机从前机身的菱形截面自然流畅地过渡到后机身的扁平截面，在确保气动性能的前提下，更好地满足了低空探测性的需要。

作战性能

"雷神"无人机具备强大的隐身功能、自动防卫能力，可自行选择打击目标。利用机内空间装载的大量燃料，"雷神"的航程将达到数千公里，能进行洲际打击。由于计划的保密性，目前仅知晓"雷神"可使用"地狱火"导弹。

英国"火神"战略轰炸机

　　"火神"（Vulan）战略轰炸机是英国霍克·西德利公司研制的中程战略轰炸机，1956 年开始服役。

结构解析

　　"火神"轰炸机采用无尾三角翼气动布局，是世界上最早的一种三角翼轰炸机。发动机为 4 台"奥林巴斯"301 型喷气发动机，安装在翼根位置，进气口位于翼根前缘。"火神"轰炸机拥有面积很大的一副悬臂三角形中单翼，前缘后掠角 50 度。机身断面为圆形，机头有一个大的雷达罩，上方是突出的座舱顶盖。

作战性能

　　"火神"轰炸机曾经与另外两种轰炸机"勇士"和"胜利者"一起构成英国战略轰炸机的三大支柱。该机的座舱可坐有正副驾驶员、电子设备操作员、雷达操作员和领航员，机头下有投弹瞄准镜。机身腹部有一个长 8.5 米的炸弹舱，可挂 21 枚 454 千克级炸弹或核弹，也可以挂载 1 枚"蓝剑"空地导弹。

英国"勇士"战略轰炸机

"勇士"（Valiant）战略轰炸机是英国维克斯·阿姆斯特朗公司研制的战略轰炸机，1955 年 1 月交付使用。

结构解析

"勇士"战略轰炸机采用悬臂式上单翼设计，在两侧翼根处各安装有 2 台"埃汶"发动机。该机的机翼尺寸巨大，所以翼根的相对厚度被控制在 12%，以符合空气动力学。"勇士"战略轰炸机的机组成员为 5 人，包括正副驾驶、2 名领航员和 1 名电子设备操作员。所有成员都被安置在 1 个蛋形的增压舱内，不过只有正副驾驶员拥有弹射座椅，所以在发生事故或被击落时，其他机组成员只能通过跳伞逃生。

作战性能

"勇士"战略轰炸机可以在弹舱内挂载 1 枚 4500 千克的核弹或者 21 枚 450 千克的常规炸弹。此外，它还可以在两侧翼下各携带 1 个 7500 升的副油箱，用于增大飞行航程。"勇士"战略轰炸机的发动机保养和维修比较麻烦，且一旦有一台发动机发生故障，很可能会影响到紧邻它的另一台发动机。

英国"胜利者"战略轰炸机

"胜利者"（Victor）战略轰炸机是英国汉德利·佩季公司研制的战略轰炸机，1951 年 5 月首次试飞。

结构解析

"胜利者"战略轰炸机采用月牙形机翼和高平尾布局，4 台发动机装于翼根，采用两侧翼根进气。由于机鼻雷达占据了机鼻下部的非密封隔舱，座舱一直延伸到机鼻，提供了更大的空间和更佳的视野。该机的机身采用全金属半硬壳式破损安全结构，中部弹舱门用液压开闭，尾锥两侧是液压操纵的减速板。尾翼为全金属悬臂式结构，采用带上反角的高平尾，以避开发动机喷流的影响。垂尾和平尾前缘均使用电热除冰。

作战性能

"胜利者"战略轰炸机没有固定武装，可在机腹下半埋式挂载 1 枚"蓝剑"核导弹，或在弹舱内装载 35 枚 454 千克的常规炸弹，也可在机翼下挂载 4 枚美制"天弩"空地导弹（机翼下每侧两枚）。

英国 / 美国防空气球

　　防空气球（Barrage balloon）是一种连接着金属线的气球，主要用于防空。"二战"期间，英国和美国都曾使用防空气球，英国还建立了皇家空军气球部队来保护大城市或重要地区（如工厂区、码头或海港）。

结构解析

　　防空气球是一种军用系留气球，外加薄金属保护板。即使它被炮火击中也只是部分受损，总升力可基本保持不变。防空气球通常采用裙式或串列式布置，前者是由若干个钢索相连的气球并列升空，拦阻钢索布设在钢索之间，犹如裙子一般形成钢索幕帘。串列式布置则分上下 2 层，气球每 3 个构成一组，钢索连成蜘蛛网状。

作战性能

　　防空气球的金属线可以阻碍战机攻击，或与低飞战机相撞，使其撞毁。其中有些甚至在金属线上装上炸药，以确保能彻底摧毁敌机。由于金属线较重，使防空气球难以高飞，只能防御于低空飞行的战机。随着战争的进行，德国轰炸机后来都配备了切割金属线的设备。

法国"幻影Ⅳ"战略轰炸机

　　"幻影Ⅳ"（Mirage Ⅳ）战略轰炸机是法国达索公司于20世纪50年代研制的超声速战略轰炸机，主要用于携带核弹或核巡航导弹高速突破防守，攻击敌方战略目标。

结构解析

　　"幻影Ⅳ"战略轰炸机采用无尾三角翼的布局，双轮纵列式的主起落架。机翼采用全金属结构的悬臂式三角形中单翼，前缘后掠角60度，主梁与机身垂直，后缘处有两根辅助梁，与前缘几乎平行。机身为全金属半硬壳式结构，机头前端是空中加油受油管。机身前端下方是前起落架舱，起落架为液压收放前三点式，前起落架为双轮，可操纵转向，向后收入机身。主起落架采用四轮小车式，可向内收入机身。

作战性能

　　"幻影Ⅳ"战略轰炸机基本型的主要武器为半嵌入在机腹下的1枚50000吨级的核弹，或16枚454千克的炸弹，或4枚AS.37空对地导弹。正常载弹量为6400千克。总体来说，"幻影Ⅳ"轰炸机尽管很有特色，但与美苏先进战略轰炸机相比，明显偏小，难以形成更为强大的威慑力。

法国"神经元"无人机

　　"神经元"（Neuron）无人机是由法国达索公司主导设计的新型无人战斗机，目前还处于验证阶段，预计将在 2020 年或 2025 年问世。

结构解析

　　在外形设计和气动布局上，"神经元"无人机借鉴了 B-2 隐身轰炸机的设计，采用了无尾布局和翼身完美融合的外形设计，其 W 形尾部、直掠三角机翼以及锯齿状进气口遮板几乎就是 B-2 轰炸机的缩小版。"神经元"无人机采用全复合材料结构，雷达辐射能量少。

作战性能

　　"神经元"无人机可以在不接受任何指令的情况下独立完成飞行，并在复杂的飞行环境中进行自我校正。此外，它在战区的飞行速度超过现有一切侦察机。该机也能在其他无人侦察机的配合下，反复在敌方核生化制造和储存地区进行巡逻、侦察和监视，一旦发现目标便可根据指令摧毁这些目标。2012 年 11 月，"神经元"无人机在法国伊斯特尔空军基地试飞成功，法国国防部称其开创了新一代战斗机的纪元。

加拿大 VZ-9 垂直起降飞机

VZ-9 垂直起降飞机是加拿大阿芙罗公司在冷战初期为美军研制的垂直起降飞机，绰号"飞行车"（Avrocar）。

结构解析

VZ-9 是一架圆盘形飞机，基本形状就像飞盘，机身的上表面是个光滑曲面，而下表面却几乎是平的。飞机的直径 5.5 米，厚度 1.1 米。机身的主要构架是一个大等边三角形，在这个三角形的基础上加装了很多部件。有 124 片叶片的涡轮风扇位于这个三角形的中央，它产生的大部分推力都通过下表面的一个开口被导向下方，但是有些推力被用来驱动位于机身外缘的控制系统。

作战性能

VZ-9 飞机原计划服役于美国陆军，它最大的特点就是能够垂直起落，这在当时是非常先进的技术，而在升空之后，VZ-9 就可以像飞碟一样飞行。不过，在测试中 VZ-9 暴露出一些无法解决的推力与稳定性问题，导致计划被终止。

以色列"哈比"无人机

　　"哈比"（Harpy）无人机是以色列航空工业公司研制的主要用于反雷达的无人攻击机，1997 年在法国巴黎航展上首次公开露面。

结构解析

　　"哈比"无人机采用三角形机翼，活塞推动，火箭加力。机上配有计算机系统、红外制导弹头和全球定位系统等，并用软件对打击目标进行了排序。

作战性能

　　"哈比"无人机有航程远、续航时间长、机动灵活、反雷达频段宽、智能程度高、生存能力强和可以全天候使用等特点。它可以从卡车上发射，并沿着预先设定的轨道飞向目标所在地，然后发动攻击并返回基地。如果发现了陌生的雷达，"哈比"会撞向目标，与之同归于尽，其搭载的 32 千克高爆炸药可有效地摧毁雷达。

美国"幻影线"无人机

　　"幻影线"（Phantom Ray）无人机是美国波音公司研制的无人侦察机，2011年4月首次试飞。

结构解析

　　"幻影线"无人机的机身长11米，翼展15米。该机采用典型的翼身融和飞翼式布局设计，其最大亮点在于它的隐身性能。在外形上，"幻影线"无人机并没有传统飞机的水平尾翼和垂直尾翼，机身和机翼已高度融合在一起，这就大大减少了飞机整体的雷达反射截面。为了提高隐身性能，"幻影线"无人机的发动机被放置到了机翼的上方，且进气口和喷气口都深置于机翼之内，使雷达波难以照射。机翼后部形成了一个W形，可使来自飞机后方的探测雷达波无法反射回去。

作战性能

　　"幻影线"无人机的工作高度可以达12192米，比正常的商业飞机高出近3000米。精细的外观与结构设计加上隐身材料的运用，可使"幻影线"无人机有效地躲避敌方雷达的预警与监视，避免遭袭。该机可以执行情报搜集、监视、压制敌方防空、实施电子攻击和自主空中加油等多种任务。

美国 D-21 无人机

　　D-21 无人机是美国洛克希德·马丁公司研制的无人侦察机，一共制造了 38 架，1969 年开始服役，1971 年退出现役。

结构解析

　　D-21 无人机体积较小，其机身长 12.8 米，机身高 2.14 米，翼展 5.79 米，重量 5000 千克。由于采用了大量 SR-71"黑鸟"侦察机的技术，所以两者在外形上有一定相似之处。D-21 无人机的机体大量使用了当时价格极为昂贵的钛合金，并拥有最早开发的隐身技术。该机还装有当时世界领先的冲压发动机，以及先进的照相侦察设备。

作战性能

　　D-21 无人机采用了当时世界最先进的整体式冲压发动机，最大速度和升限（29000 米）都极为惊人。在 20 世纪 70 年代初期，任何防空武器（包括美国自身在内）都无法击落该机。D-21 无人机的使用方式是：先由大型飞机（母机）携带飞行，在靠近对方防空严密地带的公海上空由母机释放；无人机离开母机后，利用自身的冲压发动机以超过 3 马赫的速度飞向目标地区；无人机上的侦察系统自动工作；情报收集之后，无人机将飞回到出发点的公海上空，在指令控制下，在指定地点空投装有照相胶卷的密封回收舱，然后飞机自毁坠落大海。

美国 A160 "蜂鸟" 无人机

　　A160 "蜂鸟"（Hummingbird）无人机是美国波音公司研制的垂直起降无人机，2002 年首次试飞。

结构解析

　　A160 "蜂鸟" 无人机的机身长 10.7 米，旋翼直径 11 米。该机采用内燃发动机而不是涡轮发动机，这种发动机使旋翼在飞机燃油、外部条件、有效载荷和飞行高度达到最优的情况下运转，而且噪声也相对较弱。A160 "蜂鸟" 无人机装有超高频、可穿透树叶的实时移动目标指示 / 合成孔径雷达，借助这种雷达，A160 "蜂鸟" 无人机可用于监视敌方车辆和隐蔽在有树林遮掩地形中的部队，以及低空飞行的飞机，如直升机和超轻型飞机。

作战性能

　　A160 "蜂鸟" 无人机可以高效地进行小马力巡航，并且续航能力较强。该机的设计航程超过 4630 千米，续航时间 30 ～ 40 小时，模块化有效负载设计达 454 千克，这些在无人驾驶直升机史上是前所未有的。在风力平静的气象条件下，A160 "蜂鸟" 无人机雷达的探测距离超过 30 千米。

美国"蚊蚋"750 无人机

　　"蚊蚋"750（GNAT-750）无人机是美国通用原子技术公司研制的无人侦察机，1989 年首次试飞，1993 年获得了土耳其政府的小批订单，之后又被美国中央情报局采用。美国国家航空航天局也曾使用两架名为"阿尔特斯"的"蚊蚋"750 衍生型进行高空研究。

结构解析

　　"蚊蚋"750 无人机的前身是美国领先系统集成公司于 20 世纪 80 年代研制的"琥珀"无人机。"蚊蚋"750 无人机采用低置直翼、倒 V 形垂尾、收放式起落架和推进式螺旋桨，整体布局与"琥珀"无人机类似。不过，"蚊蚋"750 无人机比"琥珀"无人机的体积更大，但重量却更轻，能装载较重的载荷。

作战性能

　　"蚊蚋"750 无人机的动力装置为 1 台罗塔克斯 912 型（ROTAX 912）水平对置四缸四冲程发动机，功率为 64 千瓦。根据美国中央情报局的使用经验，"蚊蚋"750 无人机存在一些遥控操作上的问题，其软件存在缺陷并易受恶劣天气和复杂地形的影响。

意大利"天空"X 无人机

"天空"X（Sky-X）无人机是意大利阿莱尼亚航空公司研制的无人攻击机，2005 年 5 月 29 日首次试飞成功。除阿莱尼亚航空公司外，意大利国内还有多家公司参与了"天空"X 无人机子系统的研制工作。

结构解析

"天空"X 无人机的机身长 7.8 米，机身高 1.86 米，翼展 5.94 米，重量 1000 千克。该机有一个腹部模块化弹舱，用于放置弹药，其有效载荷 200 千克。动力装置方面，"天空"X 无人机装有一台 TR160-5/628 型涡轮发动机，动力较为强劲。

作战性能

"天空"X 无人机的最大速度达 800 千米 / 时，巡航速度达 468 千米 / 时，实用升限 7260 米。根据阿莱尼亚航空公司公布的数据，"天空"X 无人机的最大过载超过 5G，航程近 200 千米。从飞行性能看，"天空"X 无人机与美国"捕食者"无人机相比也极具优势。

挪威 "黑色大黄蜂" 无人机

　　"黑色大黄蜂"（Black Hornet）无人机是挪威设计制造的军用微型无人机，可用于搜救或军事侦察任务。除挪威陆军外，美国陆军、美国海军陆战队、英国陆军和澳大利亚陆军也有装备。

结构解析

　　"黑色大黄蜂" 无人机的尺寸很小，重量也很轻，能够完全放置在手掌之中。该机装有微型摄像机以及多个热成像摄影机，通常用于执行跟踪、监视任务，可以将拍摄到的画面即时传送到手持式控制终端机。"黑色大黄蜂" 无人机主要依靠电池供电，遥控有效距离 800 米。

作战性能

　　"黑色大黄蜂" 无人机价值不菲，单价达 4 万美元。该机非常方便携带，可以在各种严峻环境（包括刮风的情况下）安全操作。在使用时，操控者只需轻轻地向空中投掷即可。2013 年，英国曾将 "黑色大黄蜂" 无人机用于阿富汗战场，使其成为世界上最早实际用于军事行动的微型无人机。

以色列"先锋"无人机

    "先锋"（Pioneer）无人机是以色列航空工业公司研制的小型无人机，1986年被美国海军航空系统司令部选中，供美国海军和海军陆战队使用。海湾战争期间，"先锋"无人机首次投入实战使用。

结构解析

    "先锋"无人机的机身大部分采用复合材料制成，其雷达反射面积很小，不易被敌方雷达发现。该机可利用气动滑轨弹射和液体火箭助推器发射起飞，回收则依靠舰上拦阻网。"先锋"无人机的负载可根据环境和任务进行选择，通常白天携带一台微光电视摄像机，夜间换为红外夜视仪。这两种设备均配有变焦镜头，并由飞机自动控制。

作战性能

    "先锋"无人机的图像可以直接分发给那些配有远距接收站的地面部队，为其提供图像数据。该机的传感器有效载荷装备了彩色日光电视，使分析员更容易识别目标，它提供的视频图像比美国空军"捕食者"无人机提供的更好。伊拉克战争时期，在美国海军陆战队第1师从科威特向巴格达挺进的过程中，"先锋"无人机出色地完成支援任务。

以色列"空中骡子"无人机

　　"空中骡子"无人机是以色列城市航空公司研制的垂直起降无人机，2009 年 1 月首次试飞成功，预计于 2020 年开始服役。

结构解析

　　"空中骡子"无人机的机身长 6.2 米，机身高 2.3 米，机身宽 3.5 米，空重 771 千克。与普通直升机不同，"空中骡子"无人机的旋翼位于机身内部，这使得它有能力在其他机型难以到达的艰险地形保持飞行，还可以在无法配装标准无人机的小型舰船上实现起降。该机的动力装置为一台阿里埃勒 2 型涡轮轴发动机，最大功率 700 千瓦。

作战性能

　　"空中骡子"无人机既可以由地面控制台手动控制，也可以通过电传飞行控制系统进行操控，并能够在大风等极端天气里实现精确飞行。在执行战术支持任务时，一架"空中骡子"无人机单次可载重 500 千克货物，向飞行半径 50 千米的地区运送货物，24 小时可运输物资约 6000 千克。10 ～ 12 架的"空中骡子"无人机编队可以为 3000 名作战人员提供保障，并可运送伤员。

南非"短尾鹰"无人机

"短尾鹰"（Bateleur）无人机是南非丹尼尔公司研制的中空长航时监视无人机，2006年首次试飞。

结构解析

"短尾鹰"无人机的翼展为15米，最大起飞重量1000千克。丹尼尔公司为加快"短尾鹰"无人机的研制进度，采用了现有的"搜索者"无人机和"贼鸥"靶机上使用的电气设备，这些设备经过了实战检验，可靠性较强。此外，地面数据处理和控制等也采用"搜索者"无人机的战术地面站，这样可以大大节约研发成本。"短尾鹰"无人机的机体采用模块化设计，拆解后可装在6米长的国际标准集装箱内，机动运输非常方便。

作战性能

"短尾鹰"无人机的任务载荷主要为合成孔径雷达、航空电子情报系统、激光指示器以及带激光测距仪的昼/夜光电传感器，最大有效载荷可达200千克。该机价廉物美，不但可用于执行海岸巡逻任务，还可以执行实时昼/夜监视、电子和通信信息采集、照相侦察、空中通信中继目标定位和指示、炮兵射击支援、搜索和救援、战场监视、边界巡逻和战斗损失情况评估等多种任务。

印度 "鲁斯特姆" 无人机

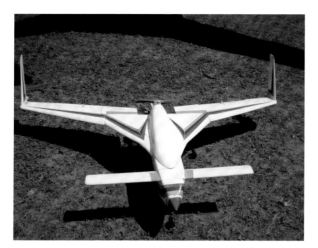

"鲁斯特姆"（Rustom）无人机是印度国防研究与开发组织（DRDO）正在研制的中空长航时无人机，印度三大军种均有意装备。"鲁斯特姆" 1 型在 2009 年首次试飞，但因故坠毁。改进后的 "鲁斯特姆" 2 型在 2016 年首次试飞。此外，还制造了体积较大的 "鲁斯特姆" H 型。

结构解析

"鲁斯特姆" 无人机各型号的外形并不一致，其中 "鲁斯特姆" 1 型的机身长 5.12 米，机身高 2.4 米，翼展 7.9 米，重量 720 千克。H 型的体积更大，机头形状和机翼与美国 "全球鹰" 无人机颇为相似。该系列无人机搭载以色列生产的海上巡逻雷达和电子光学传感器，电子战和通信系统则由印度自行生产。

作战性能

印度国防研究与开发组织声称，"鲁斯特姆" 无人机的主要技术性能可与同时代的先进无人机（如目前在印度武装部队服役的以色列 "苍鹭" 无人机）相媲美。该机拥有超过 24 小时的续航时间，250 ～ 500 千克的有效载荷以及较低的雷达和声波信号。"鲁斯特姆" 无人机还能够通过卫星进行数据传输，从而使其监控范围超过 1000 千米。

印度"拉克什亚"无人机

"拉克什亚"（Lakshya）无人机是印度国防研究与开发组织（DRDO）主持研制的无人驾驶靶机，2000 年开始服役，主要用于射击训练。在靶机基础上，印度国防部又推出了侦察机和巡航导弹衍生型。

结构解析

"拉克什亚"无人驾驶靶机的机身长 2.39 米，翼展 5 米，最大起飞重量 705 千克。印度国防部在"拉克什亚"靶机基础上换装新的动力装置，并加装印度自行研发的机载电子系统，使其成为一款性能大幅提高于的无人侦察机。

作战性能

"拉克什亚"靶机的飞行高度可达 9000 米，通过降落伞回收，在飞行中可通过自动驾驶仪进行倾斜、翻转和偏航控制。与靶机型号相比，侦察机型号的综合性能更为出色。而"拉克什亚"巡航导弹采用惯性＋主动雷达的制导方式，射程达 600 千米，巡航高度 15 ～ 100 米，弹长 6 米，可携带重达 450 千克的常规战斗部。

印度"奥拉"无人机

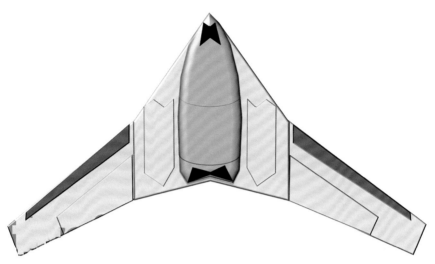

"奥拉"（AURA）无人机是印度国防研究与开发组织（DRDO）正在研制的无人战斗航空载具（UCAV），主要用户为印度空军和印度海军，计划在 2019 年或 2020 年开始服役。

结构解析

"奥拉"无人机能够携带导弹、炸弹和精确制导武器，定位与法国"神经元"无人机、英国"雷神"无人机和美国 X-47A "飞马"试验机大致相同。该机采用"无尾飞翼"布局和隐身外形设计，运用隐身材料和涂层，采用弯曲进气道，最大起飞重量达 15000 千克。

作战性能

根据印度航空发展局的描述，"奥拉"无人机是一种具有武器发射能力的自卫、高速、侦察无人机，实用升限可达 9144 米。按照印度国防研究与开发组织的帕拉德博士的说法，"奥拉"无人机能够在 9144 米的高空中飞行，装备了先进的任务传感器，内置弹舱可搭载滑轨发射式导弹和"铺路"精确制导炸弹。

第 5 章
特殊单兵武器

在现代战争中，单兵作战显得尤为重要，每个国家都很重视单兵装备的问题，发展先进的单兵装备对士兵的生命安全和战争的胜利有着重要的意义。自"二战"以来，世界各国研制了大量的单兵武器，其中不乏一些别具一格的作品。

美国 XOS 外骨骼系统

　　XOS 外骨骼系统是美国雷神公司研制的一种能够增强人体能力的可穿戴机器，能够帮助人们跑得更快、跳得更高、携带更多更重的东西，并且能够帮助穿戴它的人在战场、建筑工地或者其他有危险的地方生存下来。

结构解析

　　XOS 外骨骼系统重约 70 千克，由一系列结构、传感器、传动装置以及控制器构成，由液压驱动。它可以穿戴在人的手臂、胳膊和背部。XOS 外骨骼系统是人类研制的最复杂的机器之一，利用附在身体上的传感器，可以毫不延迟地反映身体的动作，输出强大的力量。

作战性能

　　XOS 外骨骼系统的一大功用就是代替穿戴者举起重物，进而降低过度疲劳和虚脱风险。此外，XOS 外骨骼系统也可帮助穿戴者更快速地完成工作，穿戴者能够承受两到三名士兵的工作量。也就是说，使用 XOS 外骨骼系统允许对军方人员进行重新调配，执行更具战略意义的任务。目前，XOS 外骨骼系统仍然存在续航力不足等缺点。

美国 AN/PVS-14 夜视镜

AN/PVS-14 是一种可靠的高性能轻型夜视镜，具有较高的分辨率，可以提高士兵的机动性和目标识别能力。这种设备坚固耐用，可以手持、头戴，也可以安装在武器和摄像机上。

结构解析

AN/PVS-14 采用了美国国际电话电报工业公司（ITT）专利的"顶峰"（Pinnacle）薄片式像增强器，可依靠 1 节 AA 电池工作。与此前的像增强器相比，这种"顶峰"像增强器的可见光探测能力提高了 10 倍以上。AN/PVS-14 可以通过支架安装到 MICH、PASGT、ACH、ECH 等多种头盔上，也可以用另外一种转接装置接到各种装有标准导轨的枪械上，并且可以与其他瞄具配合使用。

作战性能

AN/PVS-14 比前代 AN/PVS-7D 的分辨率高、重量轻，步兵作战小组使用起来更加灵活，同时观察距离也明显增加。具体来说，这种夜视镜可用来提高士兵的态势感知能力，以及在恶劣观察条件下的能见度。海军可利用夜视镜来确保舰船的安全，帮助武器进行精确射击、导航以及小型舰船的战术机动。

美国 AN/PEQ-15 激光瞄准器

AN/PEQ-15 是美国透视科技公司（Insight Technology）研制的激光 / 红外线瞄准器系统，可利用 MIL-STD-1913 导轨装在步枪上使用。

结构解析

AN/PEQ-15 的外形比较像倒过来的凹字，中间凹陷成 MIL-STD-1913 导轨连接座以降低其高度。这种设计使 AN/PEQ-15 安装在武器上时不会因为受外力撞击而造成连接座断裂。AN/PEQ-15 具有可见激光 / 红外线激光 / 红外线照明发射器，两个较窄的发射口用于步枪的瞄准，另一个较宽的发射口用于发射激光以对准目标照射。

作战性能

AN/PEQ-15 只需使用 1 颗 CR123 电池供电，使用肉眼不可见的红外线激光时，目标上会产生 1 个非常小的红色激光点，该激光点出现的位置附近的范围就会是弹着点。但只适合在阴暗处或晚上使用，而且必须利用被动式夜视装备才能看到。每条激光可以独立归零，也可以独立调整其照射的半径。

美国 Kill Flash 防反光装置

　　Kill Flash 是美国特勒博纳克斯公司开发的光学器材防反光罩，"Kill Flash"是该产品的注册商标，意为"杀死闪光"。这种装置适于多种光学系统，包括双目镜、夜视监视光学系统、护目镜、武器瞄准器等。

结构解析

　　Kill Flash 防反光装置主要用于防止望远镜和狙击枪瞄准镜等光学器材的反光，避免暴露使用者的位置。在 Kill Flash 出现之前，传统的防反光法是在镜片前套上 1 个圆筒形的遮阳筒，不过遮阳筒较长，使用并不方便，特别是在当前突击武器越来越轻巧的趋势下，很容易影响狙击手的作战效果。而 Kill Flash 是一种轻型、现场抗闪烁的防反光装置，它隐藏反射，不损失分辨率、没有大量的光损失，还具有特殊配置的小管蜂巢结构，起到普通镜头盖的作用。

作战性能

　　Kill Flash 防反光装置可隐藏反射，并且对由视场外部光源引起的眩光进行屏蔽。Kill Flash 的隐蔽性使得它一面世就获得特种部队的青睐，美军特种部队最先在他们的先进战斗光学瞄准镜（ACOG）上安装了这种装置。

美国 M1 火焰喷射器

M1 火焰喷射器是美国在"二战"期间研制的单兵背负式火焰喷射器，1940 年 8 月开始研制，1941 年设计完成。这种武器除了实际的威力以外，还能对敌人造成极大的心理恐惧。

结构解析

M1 火焰喷射器采用三罐式设计，两个燃料罐中装有 18 升的石油混合物燃料，另一个小罐中装有压缩氮气作为压力源。M1 火焰喷射器可以进行 5 次 2 秒钟的短喷射，射程只有 20 米，重量却高达 30 千克，令美军喷火兵叫苦不迭。

作战性能

M1 火焰喷射器在"二战"中取得了一定的战果，但它在实战中也暴露出了一些问题。首先，M1 火焰喷射器的点火装置不够可靠，它采用电池点火（类似于现代家用燃气具的点火方式），这种方式在美国国内测验时非常可靠，可是在南太平洋的潮湿环境中，电池容易被盐碱和潮湿的空气腐蚀，导致无法正常点火。

美国 M2 火焰喷射器

M2 火焰喷射器是美国在"二战"时期研制的单兵携带及背负式火焰喷射器，为 M1 火焰喷射器的后继。

结构解析

M2 火焰喷射器由两个部分组成，第一部分是由士兵背在背部的 3 个罐子，其中 2 个大小相等的罐子装着混合了柴油和汽油的燃料，另一个较小的罐子装着推进剂氮气。氮气罐在两个汽油罐之间和较顶端位置。3 个罐子安装在 1 个支架上，并且大量使用帆布包覆，帆布并用作四条背带的材料，射手在休息时仍然可以背在背面。第二部分是火焰喷射器的握把及喷嘴，通过后端的一条软管连接到罐子上。

作战性能

尽管 M2 火焰喷射器的实际焚烧时间只有 47 秒左右，而且火焰的有效焚烧范围只有大约 50 米，但它仍然是一种实用性的武器，并且在许多战争中使用。"二战"中，M2 火焰喷射器经常用于欧洲战场和太平洋战场上，对于一些闭锁型阵地是非常有效的。不过，随着喷火坦克的出现，M2 火焰喷射器这种武器存在的必要性也越来越低。

美国 FGM-148 "标枪" 反坦克导弹

FGM-148 "标枪"（Javelin）导弹是美国研制的单兵反坦克导弹，是世界上第一种采用焦平面阵列技术的单兵反坦克导弹，1996 年正式服役。

结构解析

"标枪"导弹配备了 1 个红外线成像搜寻器，并使用 2 枚锥形装药的纵列弹头，前 1 枚引爆任何爆炸性反应装甲，主弹头贯穿基本装甲。"标枪"导弹的发动机由串联在一起的起飞发动机和续航发动机组成。

作战性能

"标枪"导弹是一种"射前锁定、射后不理"导弹，该系统对装甲车辆采用顶部攻击的飞行模式，一般而言攻击较薄的顶部装甲，但也可以用直接攻击模式攻击建筑物或防御阵地，也可以攻击直升机。顶部攻击时的飞行高度可达 150 米，直接攻击时则为 50 米。"标枪"导弹的攻击威力大于 M47 "龙"式反坦克导弹，与"陶 II"改进型相当。

美国 XM29 单兵战斗武器

　　XM29 单兵战斗武器是美国艾利安特技术系统集团开发的一种新式武器，它将突击步枪和榴弹发射器合二为一，并使用同一个发射机构。在此基础上还能使用带有编程设计的灵巧弹药打击杀伤工事内目标，或者对敌进行有效的面杀伤。

结构解析

　　XM29 主要由三个部分组成，即火控系统、步枪及榴弹发射器，组合后可通过设定火控系统及握把上的按钮调节各种系统功能，分开后仍可独立使用。火控系统安装在榴弹发射器的机匣顶部，内设电子处理器，可自动计算目标距离、分辨敌我、设定电子引信空爆弹的引爆时间及高度、激光指示、目标方位及武器角度等。

作战性能

　　XM29 一次可发射两款子弹，即普通的 5.56 毫米口径的子弹和 20 毫米口径的高爆弹。这种 20 毫米口径的子弹，最大的威力在于它能飞到敌人的所在位置附近爆炸，榴霰弹高速地向四方弹出，敌人会因此受伤。另外，使用者也可预调它的爆炸时间，使子弹飞抵预定目标一段时间后再爆炸。

美国 XM109 狙击步枪

XM109 狙击步枪是美国巴雷特公司制造的 25 毫米超大口径狙击步枪 / 反器材步枪，主要执行远距离狙击任务。该枪的威力非常惊人，具有摧毁轻型装甲车辆的能力。

结构解析

XM109 狙击步枪在外形上与著名的巴雷特 M82 狙击步枪非常接近。仅以长度来说，XM109 相比 M82 没有太大差别。不过由于它的口径达 25 毫米，所以枪体很粗。XM109 配备的双脚架，在接触地面的部分采用尖钉状设计，以方便在使用时陷入地面保持稳定。在枪身上部有 1 个标准的皮卡汀尼 M1913 型附件导轨，可以安装各种附件。为了提高 XM109 狙击步枪的射击精准度，巴雷特公司还采用了一种非常先进的计算机数据处理瞄准镜系统。

作战性能

XM109 狙击步枪的最大攻击距离可以达 2000 米左右，其使用的 25 毫米大直径子弹（由"阿帕奇"武装直升机上 M789 机炮使用的 30 毫米直径的高爆子弹改进而来）至少能够穿透 50 毫米厚的装甲钢板，可以轻松摧毁包括轻型装甲车辆和停止的飞机在内的各种敌方轻型装甲目标。据称，这种 25 毫米口径弹的穿透力是 12.7 毫米口径穿甲弹的 2.5 倍以上。严格说来，XM109 已经可以视作"狙击炮"，这种射程远、威力大的狙击武器对使用轻装甲的机械化步兵来说绝对是一个噩梦。

美国 TAC-50 狙击步枪

TAC-50 狙击步枪是美国麦克米兰兄弟步枪公司研制的手动狙击步枪 / 反器材步枪，其精度高、射程远，曾创下 2430 米的最远狙击距离的世界纪录。

结构解析

TAC-50 狙击步枪采用旋转后拉式枪机，装有比赛级浮置枪管，枪管表面刻有线槽以减轻重量，枪口装有高效能制动器，以缓冲 12.7 毫米口径枪弹的强大后坐力，由可装 5 发子弹的可分离式弹仓供弹，采用麦克米兰玻璃纤维强化塑胶枪托，枪托前端装有两脚架，尾部装有特制橡胶缓冲垫，整个枪托尾部可以拆下以方便携带。握把为手枪型，扳机是雷明顿式扳机，扳机力约 1.6 千克。TAC-50 狙击步枪没有机械快门和内置瞄准镜，加拿大军队通常采用 16 倍的瞄准镜。

作战性能

TAC-50 狙击步枪使用 12.7×99 毫米 NATO 口径子弹，破坏力惊人，狙击手可用来对付装甲车辆和直升机。该枪还因其有效射程远而闻名世界。2002 年，加拿大军队的罗布·福尔隆（Rob Furlong）下士在阿富汗山区使用 TAC-50 狙击步枪在 2430 米距离击中 1 名塔利班武装分子 RPK 机枪手，创出当时最远狙击距离的世界纪录，直到 2009 年 11 月才被英军下士克雷格·哈里森以 2475 米的距离打破。

美国 M500 左轮手枪

M500 左轮手枪是美国史密斯·韦森公司于 2003 年开始生产的五发双动左轮手枪，制造商宣称其为"当今世界威力最大的批量生产左轮手枪"。

结构解析

M500 左轮手枪有多种衍生型，各种型号具有不同的枪管长度，包括 70 毫米、102 毫米、165 毫米、222 毫米和 267 毫米等。虽然 M500 左轮手枪发射子弹的威力巨大，但 M500 左轮手枪的先进设计有助于减少持枪者的后坐感，这些设计包括超重的枪身、橡胶底把、配重块以及特别设计的枪口制退器等。

作战性能

M500 左轮手枪发射 500 S&W Magnum（12.7×41 毫米）子弹，这种子弹的弹头重约 22 克，初速 602 米 / 秒，枪口的动能极高，远胜于以色列"沙漠之鹰"手枪。

美国"高标"无声手枪

    "高标"（Hi-Standard）无声手枪是美国战略情报局（OSS）在"二战"时期主持研制的特殊武器之一，由高标手枪制造公司生产。

结构解析

    "高标"无声手枪基本上就是在高标 HDM 型手枪基础上安装消声器组合而成，这是一种自由后坐式自动原理手枪。在高标 HDM 型手枪上，枪管前端安装有三角形的固定准星，而"高标"无声手枪的准星则安装在消声器上。套筒后上方有缺口式照门，可调节风偏。"高标"无声手枪配用单排 10 发可拆卸弹匣，可与柯尔特"森林人"手枪互换。弹匣的解脱钮位于握把侧面，在扳机护圈根部。手动保险位于底把左侧，可通过拇指操纵。

作战性能

    "高标"无声手枪是针对敌后行动和秘密战争的需求而研制的，具有出色的消音效果，"二战"期间被美国情报机构广泛使用。"二战"后，美国中央情报局的特工仍然使用"高标"无声手枪，而在一些局部战争中，美军特种部队也会使用这种武器。

美国 FP-45 "解放者"手枪

FP-45 "解放者"（Liberator）手枪是一种非常简陋的单发滑膛手枪，在"二战"期间美国战略情报局散发给被轴心国占领地区的抵抗组织使用。

结构解析

"解放者"手枪在装填时要手动将滑动后膛打开，把子弹塞进去后再合上，还要手动将击锤扳到待发状态才能扣动扳机击发。每次发射后，都要打开后膛，然后用纸盒内附带的小木棍（或类似的适当替代品）把空弹壳顶出枪管。握把里面是空的，底板可以滑动，在握把里面存放着额外的弹药。

作战性能

由于"解放者"手枪的枪管制造得非常粗糙，也没有膛线，因此精度非常差，再加上每次只能打 1 发，因此使用者往往是拿着一把装好子弹的手枪躲藏在路边，等待落单的敌人经过后突然跳出来在极近的距离射击要害部位。如果一枪不能消灭敌人，就没有机会再开第二枪。

美国 X26 泰瑟枪

　　X26 泰瑟枪是美国泰瑟公司研制的非致命性武器，主要供警察使用，有人根据其原理称其为"电休克枪"。

结构解析

　　X26 泰瑟枪没有子弹，靠发射带电"飞镖"来制服目标。它的外形与普通手枪十分相似，里面有一个充满氮气的气压弹夹。扣动扳机后，弹夹中的高压氮气迅速释放，将枪膛中的两个电极发射出来。两个电极就像 2 个小"飞镖"，它们前面有倒钩，后面连着细绝缘铜线，命中目标后，倒钩可以钩住犯罪嫌疑人的衣服，枪膛中的电池则通过绝缘铜线释放出高压，令罪犯浑身肌肉痉挛，缩成一团。

作战性能

　　X26 泰瑟枪的最大射程 7 米，"飞镖"的速度 60 米 / 秒。它可以隔着 5 厘米厚的衣服放电，并在 5 秒钟内多次放电，每次持续时间为 1 微秒。为了防止警察滥用枪支，随便开火，X26 泰瑟枪在设计时还增加了记录功能。使用者在扣动扳机后，枪膛后面会弹出许多小纸屑，上面印有本枪的序列号，调查人员可通过它们轻而易举地查到枪的主人。此外枪内还有 1 个微型芯片，专门记录每次射击的日期和时间。

美国阻止人员和刺激响应激光步枪

阻止人员和刺激响应激光步枪（Personnel halting and stimulation response rifle，PHaSR）是美国空军研究实验室于 2005 年研制成功的实用型单兵携带非致命激光步枪。

结构解析

PHaSR 激光步枪的尺寸和重量与全负荷的 M16 突击步枪相似，但射出的子弹是低功率的激光束，使受光者瞬间就像直视太阳，强烈的眩光使其迷失方向。

作战性能

PHaSR 激光步枪可以利用它的能量来驱散人群和阻止敌人攻击，并可自动感知与目标的距离，因而避免了对眼睛的永久性伤害或失明。不过，虽然目标不会遭受到任何永久性的损伤，但由于 PHaSR 激光步枪的作用范围较大，在使用时难免会波及目标附近的非战斗人员。

美国激光制导子弹

激光制导子弹是美国洛克希德·马丁公司研制的新型子弹，可以提高射击的命中率，让普通士兵也拥有狙击手的神奇枪法。

结构解析

激光制导子弹长约10厘米，适用于12.7毫米口径的枪族武器。在激光制导子弹的内部有1个独特的微型控制系统，其主要由两大部分构成：一是制导系统，二是传动系统。子弹前端有1个光学感应器，用以搜索、追踪射向目标的激光制导点。传动系统主要是1个驱动电机和1个类似"鱼鳍"的微型弹尾，驱动电机可为传动系统提供持续动力，微型弹尾则可通过旋转调整方向。

作战性能

与传统意义上的子弹不同，激光制导子弹突破了子弹从螺纹枪管发射后直线飞行的惯性轨迹，开辟了无动力曲线飞行的先例，直接颠覆了传统射击原理。研究人员称，激光制导子弹在飞行过程中能自动调整方向，像微型导弹一样击中1.6千米以外的目标。

美国 SOG S37 匕首

SOG S37 匕首由美国索戈特种刀具和工具公司（SOG Speciality Knives and Tools Inc）研制，在众多评估活动中均获得了好评，并被美国海军特种部队"海豹"突击队采用。

结构解析

SOG S37 匕首的刀刃尾部有齿刃设计，方便切割绳索，刀身表面特别加上雾面防锈处理，不易反光，在执行任务时有利于隐蔽。SOG S37 匕首的用途十分广泛，刀身设计着重于前端尖刺的部分，具备超强破坏力，同时也保留了锋利的刀刃。

作战性能

SOG S37 匕首使用时的噪音非常低，握持手感舒适，比重恰当，可有效发挥使用者的力量。经过严谨的测试，SOG S37 匕首不但拥有十足的防火功能，更可劈、砍、攻击、突刺，也可切割多种不同类型的绳索和线材。

美国 M9 多功能刺刀

M9 多功能刺刀是美国为 M16、AR-15、HK G3 和 FN FNC 等北约制式枪械所研制的多功能刺刀，从 20 世纪 80 年代末服役至今。

结构解析

M9 刺刀的刀身使用 425M 钢材制造，厚度为 6 毫米。表面呈暗灰色和纯黑色两种，刃部经过专业的热处理，非常锋利。刀背较长、锯齿坚利，角度合适。刀身前部有 1 个椭圆形过孔，能与刀鞘剪切板组成钳子，剪断铁丝网和电线。刀柄为圆柱形，用美国杜邦公司生产的 ST801 尼龙制造，坚实耐磨。

作战性能

M9 刺刀的刀柄表面有网状花纹，握持手感好，而且绝缘。在刺刀护手的两侧有两个凹槽，具有开瓶器的功能。刀柄尾部开一小卡槽，可与步枪紧密结合。M9 刺刀的刀鞘也使用 ST801 尼龙制作，刀鞘上装有磨刀石，末端还有螺丝刀刃口，可作改锥使用。

美国天魄 Phantom CLS 军用弩

Phantom CLS（幽灵 CLS）是美国天魄公司（TenPoint）研制的军用弩，主要供特种部队使用。

结构解析

Phantom CLS 军用弩的长 97.16 厘米、宽 52.39 厘米、打击行程 33.02 厘米（打击行程是弦对箭的做功距离），总重 3.83 千克，外表采用 REALTREE 高仿真迷彩 APG 花型，并沿用天魄久经考验的扳机系统。安全方面，该弩设有附加握柄保险：即使打开保险，若手部没有紧握弩托底部也无法发射，从而防止意外击发。上弦助力绞盘可轻松地辅助上弦。另外，该弩内置上弦助力绞盘，可轻松地辅助上弦。

作战性能

Phantom CLS 军用弩运用了天魄公司最新的紧凑型弓片技术，让使用者得到平滑的击发感觉，发射时的震动极小，噪音也很低。Phantom CLS 军用弩的各部件之间结合紧密有序，使弩的整体性能极为优异，不仅速度快，而且侵彻力强。Phantom CLS 军用弩的拉力 83 千克，箭速 104.5 米 / 秒。

俄罗斯 PTRS-41 反坦克枪

PTRS-41 是苏联在二战期间研制的反坦克枪，发射 14.5×114 毫米口径枪弹。

结构解析

PTRS-41 采用导气活塞式自动原理，偏移式闭锁枪机。短行程导气活塞安装在枪管上方，导气箍上有气体调节器，可切换三种导气量，根据不同的使用环境调节导出的火药燃气压力，以克服污垢或寒冷天气带给自动枪机的影响。PTRS-41 的内部弹仓可装载 5 发 14.5×114 毫米枪弹。枪弹可以从下方装入弹仓，也可以从上方手动装入单发弹药。由于设有空仓挂机机构，只有枪机被锁定在后方时才能打开弹仓。当子弹用尽时，其枪机会自动锁定，以提醒射手重新装填。

作战性能

PTRS-41 反坦克枪利用火药燃气实现半自动操作，配用的 14.5×114 毫米弹药在枪口的初速 1013 米 / 秒，并拥有良好的弹道特性，在 100 米距离上最大穿甲能力 40 毫米。该枪为苏军提供了较强的反坦克火力，但它的可靠性并不好，当有污染物进入枪机时就很容易卡弹，加上 14.5 毫米口径枪弹在发射后会遗下显著的弹药残余物，它们也会妨碍枪机正常运作。在苏德战争初期，PTRS-41 能有效对付德军早期型号的坦克。随着战事的进行，德军坦克的装甲变得越来越厚，PTRS-41 逐渐被淘汰。

俄罗斯 RPG-7 反坦克火箭筒

RPG-7 火箭筒是苏联研制的一种高效实用且价格低廉的单兵反坦克武器，自问世以来在国际武装冲突和不对称战争中一直扮演着无可替代的角色。

结构解析

RPG-7 火箭筒由发射筒、瞄准具、手柄、护板、背带、两端护套、握把以及发射机构、击发机构、保险装置等组成。发射筒用合金钢制成，包括筒身和尾喷管两部分。前端有火箭弹定位销缺口，后端有护盘，以便偶然碰到地面时，防止土、砂和其他杂物堵塞尾喷管。发射筒的上部有准星座和表尺座，下部有握把连接耳、手柄固定凸壁和击针座室，筒身的左侧有光学瞄准镜固定板，右面是两个固定护套带和背带环，木制护板由护板箍紧定，起隔热作用。

作战性能

RPG-7 火箭筒的定时自毁设置为 4.5 秒，其有效射程 200 米，最大射程 920 ～ 1000 米。穿甲能力依据目标距离而不同，轧制均质装甲的穿甲厚度为 350 ～ 400 毫米。RPG-7 火箭筒不仅能对运输车辆、坦克、装甲车等陆地交通工具构成相当威胁，而且对造价昂贵的航空器，如直升机、低空飞行的攻击机等也可以带来杀伤。

俄罗斯 SPG-9 无后坐力炮

　　SPG-9 无后坐力炮是苏联于 20 世纪 60 年代研制的一种步兵反坦克武器，与西方国家的无后坐力炮的区别较大。

结构解析

　　SPG-9 无后坐力炮是一种架设在三脚架上的滑膛无坐力炮，口径 73 毫米。虽然名为无后坐力炮，但其发射的 PG-9 破甲弹事实上是一种火箭增程弹，发射药将弹体推出炮口后火箭发动机点火助推动炮弹继续飞行，这与 RPG-7 火箭筒的弹药极其类似，因此 SPG-9 无坐力炮更类似于一种重型火箭筒。SPG-9 无后坐力炮由发射筒、炮闩、尾喷管、两端护套、护板、肩托、三脚架、瞄准具、握把以及发射机构、击发机构、保险装置和发火系统等组成。

作战性能

　　SPG-9 无坐力炮是步兵重型反坦克近战武器，由两名士兵操作，通常由两人携带，也可用带两个小轮的炮架拖运。SPG-9 无坐力炮使用的 PG-9 破甲弹还可用在 BMP-1 步兵战车的 73 毫米口径的 2A28 低压滑膛炮上，但是配用两种不同的武器时使用的发射装药不同。除了使用破甲弹，SPG-9 无坐力炮还可以使用杀伤爆破榴弹攻击步兵和各种工事建筑物。

俄罗斯 SPP–1 水下手枪

SPP-1 是苏联于 20 世纪 60 年代后期研制的水下手枪，SPP 是"特种水下手枪"的缩写。1971 年，该枪装备苏联海军的蛙人战斗部队。后来 SPP-1 经过改进，重新定型为 SPP-1M。目前，SPP-1M 仍然被俄罗斯海军特种部队使用，并出口到其他国家。

结构解析

SPP-1 是一种手动操作的四发手枪，从枪管尾部装填，枪管内没有膛线。SPP-1M 与 SPP-1 基本相同，主要的改进有两个方面，一是在扳机拉杆上增加了一个弹簧以改善扳机扣力，二是扳机护圈增大以适应较厚的潜水手套。一套完整的 SPP-1/SPP-1M 装备包括 1 把手枪、10 个弹盒（各装有 4 发集束弹）、1 个枪套和 1 根专用背带。

作战性能

为冲破水中阻力，SPP-1/SPP-1M 配有专用的 SPS 水下枪弹。这种枪弹的口径为 4.5 毫米，拥有形似钢矛的钉状弹头。弹头长度为 115 毫米，加上弹头和弹体又连成直线，因而提高了弹头在水中的稳定性。

俄罗斯 TP-82 手枪

TP-82 手枪是苏联专门为宇航员研制的一种自卫武器，1986 年正式列装。这种武器虽然被苏联称之为手枪，但与通常意义上的手枪却有着巨大区别。

结构解析

从外形上看，TP-82 手枪确实是 1 支放大版的手枪，但它采用 3 根枪管，并分别发射 12.5 毫米口径霰弹及 5.45 毫米口径步枪弹，而非手枪弹，因此与我们通常所说的手枪有本质上的不同。3 根枪管都采用精密压锻成型，呈上、下两层排列，上层是 2 根发射 12.5 毫米口径的霰弹或 12.5 毫米口径的信号弹的滑膛枪管，下面是 1 根发射 5.45 毫米口径步枪弹的线膛枪管。TP-82 手枪还配有 1 个设计特殊的分体式枪托，可以拆分为 1 把砍刀和一个刀鞘。

作战性能

为保证 TP-82 手枪在经过长时间的低压及真空状态后仍能实施射击，苏联专门为其研制了 5.45×39 毫米的步枪弹、12.5×70 毫米的霰弹及 12.5×70 毫米的红烟信号弹。其中，5.45×39 毫米的步枪弹有效射程为 200 米，12.5×70m 毫米的霰弹有效射程为 40 米，12.5×70 毫米的红烟信号弹可燃烧 8～11 秒，白天的可视半径 7～9 千米。

俄罗斯 PSS 微声手枪

PSS 微声手枪（PSS Silent Pistol）是俄罗斯研制的一种特别的微声手枪。世界上常见的微声手枪大多是在枪管前加装消声器，而 PSS 微声手枪却独辟蹊径，采用了一种独特的 7.62×42 毫米 SP-4 消声弹，通过阻止火药燃气流出达到消声、消焰的目的。

结构解析

PSS 微声手枪采用常规手枪的自由枪机式自动原理，但结构比较特殊。枪管由可活动的弹膛和固定式的线膛组成，弹膛可以后坐 8 毫米，具有单独的弹膛复进簧。它的枪机复进簧安装在套筒内枪管上方部位。发射机构也有特点，配有外露击锤，可单动也可双动击发。

作战性能

PSS 微声手枪使用的枪弹非常特别，火药和弹头之间有 1 个活塞，射击时，火药点燃后活塞迅速推动弹头向前运动，但很快活塞被弹壳的肩部挡住，这样噪音和烟雾便被堵在弹壳内，唯一的噪音是弹头飞出枪口后枪的自动操作声。这种子弹的有效射程 50 米，能够穿透 25 米范围内的标准钢盔。

俄罗斯 VSK-94 狙击步枪

　　VSK-94 狙击步枪是俄罗斯研制的小型微声狙击步枪，外形轻巧且噪音极小，非常适合隐蔽使用，在俄罗斯执法机构和特种部队中有很高的声誉。

结构解析

　　VSK-94 狙击步枪采用气动式操作、转栓式枪机，机匣采用低成本的金属冲压方式生产，以减少生产成本、所需的金属原料和生产所需的时间，并且更容易进行维护及维修。而护木、手枪握把连装有后握把的枪托则改为较轻的聚合物制造。VSK-94 狙击步枪能安装高效消声器，大大减少了开枪时的声音，能做到伪装狙击声音，并且完全消除枪口焰，能大大提高射手的隐蔽性和攻击的突然性。VSK-94 狙击步枪配备的是抽取式消音器，取下消音器后，VSK-94 狙击步枪可以用作轻型冲锋枪。可不带消音器射击，设计者还提供了枪口螺帽和用于提高精度的枪口抑制器等附件。

作战性能

　　与其他狙击步枪相比，VSK-94 狙击步枪的体积明显要小，空枪重量仅 2.8 千克，携带和使用都很方便。该枪的结构比较简单、工艺性好，发射 9×39 毫米的子弹，能准确地对 400 米距离内的所有目标发动突击。VSK-94 狙击步枪的消音效果极佳，在 50 米的距离上，它的枪声几乎是听不见的。

俄罗斯 NRS 侦察匕首

NRS 侦察匕首由苏联图拉兵工厂研制，主要特点是在多用途刀具中加入了射击装置。

结构解析

NRS 侦察匕首的刀柄中有枪膛和短枪管，可以装入 1 发 7.62×42 毫米的 SP-4 活塞微声弹（俄罗斯 PSS 微声手枪使用的子弹）。枪口位于匕首刀柄的尾部。反过来握住刀柄，扣压刀柄中的扳机就能发射子弹。横挡护手上的 1 个缺口充当简化的瞄准装置。滑动的保险栓可以防止意外走火。

作战性能

NRS 侦察匕首能够割断直径达 10 毫米的钢线，由于采用绝缘刀鞘，也可以用来切割电缆。此外，还可以当作螺丝起子，或者用作其他目的。不过，NRS 侦察匕首的射击装置的实际作用让人质疑，为了正确射击，刀锋必须朝向射击者的喉咙。

俄罗斯 AKM 多用途刺刀

　　AKM 多用途刺刀是苏联 AK-47 型步枪刺刀的改进型，堪称世界多功能刺刀的鼻祖。该刀"刀＋鞘＝剪"的结构，深深影响了世界各国多用途刺刀的设计，包括著名的德国 KCB 刺刀和美国 M9 刺刀。

结构解析

　　AKM 刺刀已经发展了三代，即 AKM1、AKM2 和 AKM3，其中 AKM3 仍在服役。AKM 刺刀无论在设计、结构还是在使用性能上都比较成功。AKM3 全长 29 厘米，刃长 16.3 厘米、厚度 0.3 厘米、宽度 2.9 厘米。刀柄和刀鞘是由高品质电木制成，刀刃为高碳工具钢锻压而成。将刀刃与刀鞘通过刀刃孔和刀鞘驻笋结合即可成为剪刀，可带电剪切电线。通过其护手上方的枪口定位环，握把中央内凸起和握把后卡笋可将刺刀与步枪连接，多点定位，非常结实。

作战性能

　　与 AK-47 型刺刀不同的是，AKM 刺刀装上刺刀座时刀刃是向上的，拼刺时主要是挑，而不是刺。它是一种多用途刺刀，不仅可装在枪上用于拼刺，也可取下作剪钳使用，还可锯割较硬的器物。刀刃背面设计有锯齿和锉齿，在战场上可以提高士兵破除障碍的能力。

英国 AWM 狙击步枪

AWM 狙击步枪是英国精密国际公司在 AW 狙击步枪基础上研制的大口径手动狙击步枪，使用 .300 Winchester Magnum 枪弹，曾创造最远射杀的世界纪录。

结构解析

由于 .300 Winchester Magnum 弹壳的直径较原来的 7.62×51 毫米枪弹大，为不改变弹匣宽度和铝底座的相关尺寸，AWM 的弹匣容量只有单排 5 发。弹匣宽度为 16 毫米，高度为 101 毫米，该弹匣从原理上讲可以装 6 发。不过这样只有在枪机开启状态时弹匣才能完全插入，如果枪机处于闭锁位置，只有装 5 发弹的弹匣才能插入到位。AWM 的后托上有 1 个后脚架，可由螺纹调整高低，不过由于螺纹相当精细，调节过程很耗时。

作战性能

由于 AWM 使用的 300 Winchester Magnum 枪弹大幅增加了枪口初速和动能，因此在较远距离上的终点能量也较高，此外它的精度也优于普通的 .308 Winchester（7.82×71 毫米）枪弹，仅比最好的比赛级 308 Winchester 枪弹稍逊一筹，但抗风偏的能力较强。2009 年 11 月，英国陆军中士克雷格·哈里森在阿富汗南部赫尔曼德省穆萨堡山区使用 1 支 AWM 狙击步枪在 2475 米外射杀两名武装人员，创下世界远程狙击的新纪录。

英国费尔班 – 塞克斯格斗匕首

费尔班 - 塞克斯格斗匕首（Fairbairn-Sykes fighting knife）是"二战"时期最著名的军用匕首之一，主要设计者是西方公认的现代军用格斗术先驱费尔班，另一位设计者塞克斯是他的搭档。

结构解析

费尔班 - 塞克斯格斗匕首有三种不同型号，在刀身长度、护手和刀柄的细节方面略有不同，但基本特征是相同的：刀身轻薄狭窄，逐渐尖细的刀形使得直刺的力量最大限度地集中于刀尖；两侧开刃，刀身截面略呈钻石形，锋利的刀刃可以干净利落地削断对手的血管，或者割断对手的咽喉；刀柄较重，有助于增加直刺的威力。

作战性能

费尔班 - 塞克斯格斗匕首针形的刀尖锐利异常，几乎不用花多少力气就可以轻易地穿透衣服和肌肤，刺入对手体内深处的内脏要害。鉴于这种匕首在近距离格斗方面极佳的表现，包括英国特别空勤团、美国"游骑兵"在内的多支特种部队和间谍机构都曾装备这种匕首。

德国 PP/PPK 半自动手枪

　　PP 手枪是由德国瓦尔特公司制造的半自动手枪，PPK 是 PP 的缩小改良型。PP / PPK 手枪是为了满足高级军官、特工、刑事侦探人员的需求而研制，在世界上应用极为广泛。PPK 手枪在许多电影和小说中屡见不鲜，更是詹姆斯·邦德的代名词。

结构解析

　　PP / PPK 手枪的结构与先前出品的各型手枪都不同，它将左轮手枪的双动发射机构与自动手枪有机地结合在一起，实现了划时代的历史性跨越。PP/PPK 手枪的结构极为简单，两枪的零件总数分别是 42 件和 39 件，而其中可以通用的零件为 29 件。两者都使用直径为 7.65 毫米的柯尔特自动手枪弹。

作战性能

　　PP / PPK 手枪一经推出，立即受到各界青睐，在德国很快就被当作军官、政府要员以及警务、特工人员的自卫武器。该枪对无防护目标杀伤力巨大，但是穿透力较弱。

德国 HK VP70 手枪

HK VP70 手枪是一种新型的、结构特殊的自动手枪，当单手射击时，可作为手枪使用。当将枪套作为枪托使用时，可作为冲锋枪使用。

结构解析

HK VP70 手枪的自动方式是自由枪机式，靠套筒惯性和复进簧力来控制套筒的后坐运动。膛内有弹时拉壳钩翘起。该枪的一个重要特点是双动结构，枪上没有保险装置。另一个特点是大量采用塑料件和铝制件，如套筒座为塑料件，枪管座模压在套筒座上。由于射速极快，工作部件受力大，因此对零部件的结构要求较严格。该枪将运动部件的数量减少到 4 个，并要求其寿命达 30000 发。

作战性能

HK VP70 手枪发射直径为 9 毫米的帕拉贝鲁姆手枪弹，配有普通机械瞄准具。HK VP70 作为手枪独立使用时只可单发半自动射击，装上塑聚合物枪托（枪套）后可进行三点发射击，理论射速达到每分钟 2200 发，而射击模式选择扭装在枪托上。

德国"刺拳"多管火箭筒

"刺拳"（Fliegerfaust）多管火箭筒是德国在"二战"时期研制的一种非常特殊的单兵防空武器，1945年1月开始生产，但还未全面配发给德军士兵，二战就结束了。

结构解析

"刺拳"主要用来攻击盟军的低空飞机，有A型和B型两种型号。A型有四支20毫米口径的炮管，用来发射一种重为90克（装有19克炸药）的小弹射物。B型是为了解决A型的问题而研发，炮管由四支改为九支。使用时托在肩上发射，如同现今的肩射防空导弹，瞄准低飞的敌机按下扳机后会先射出5发，再过0.2秒后再射出其余4发，火箭弹可以命中在500米内低空的敌机，发射完毕后只要在尾部重新添装火箭弹即可。

作战性能

"刺拳"A型齐射时初速能达380米/秒，不过火力仍嫌不足。"刺拳"B型的火力有所进步，但实际作战效果依然有限，能否打中敌机全靠发射者本身的技术。

德国／苏联"莫洛托夫鸡尾酒"炸弹

"莫洛托夫鸡尾酒"（Molotov Cocktail）炸弹是土制燃烧弹的别称，通常作为非正规部队的反坦克武器，但"二战"时的正规军队也有使用，德军和苏军甚至还发明了"制式"的"莫洛托夫鸡尾酒"炸弹。

结构解析

"莫诺托夫鸡尾酒"炸弹通常使用玻璃瓶作为容器，里面填充有两种或多种不同比重的燃料，这就是"鸡尾酒"之名的由来。最为常见的成分是汽油加焦油，其中较轻的汽油是主要燃烧剂，焦油的主要作用是减缓汽油的流动性，这样可以使其在燃烧时达到较高的温度，同时也可以产生大量烟雾。

作战性能

"莫洛托夫鸡尾酒"炸弹的制造非常简单，这种武器本身并不能把坦克击毁，但往往会给坦克造成极大破坏。当"莫洛托夫鸡尾酒"炸弹撞碎在坦克车身上时，流出的燃料会在空气中立即燃烧，火焰异常猛烈。燃烧的浓烟会很快进入坦克乘员舱内，引起驾驶人员的恐慌。

德国 LL80 伞兵刀

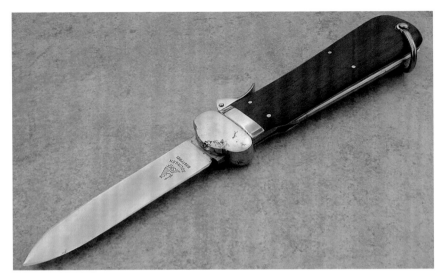

LL80 伞兵刀是由德国索林根刀具厂于 20 世纪 80 年代研制的重力甩刀，目前是德国伞兵的制式装备。

结构解析

LL80 伞兵刀的刀刃打开后全长 22 厘米，刀刃闭合时全长 13 厘米。主刀刃厚度达 3.5 毫米。LL80 伞兵刀的最大特色便是依据万有引力设计，如果刀刃锁打开，较重的刀鞘便会下滑，从而露出刀刃，呈现"刃上鞘下"的倒置状态。LL80 伞兵刀的刀柄尾部有一个直径 4.5 毫米的钢锥，主要用于排雷，自卫战斗时也可当作匕首使用。

作战性能

LL80 伞兵刀的设计精良，靠重力原理甩出，以实现最快速度出刀，完全符合空降部队的使用要求。此刀使用德国高等级 440C 钢材制造，热处理良好，刀刃固定紧密，手感沉稳。拆卸或组装无需工具，保养方便。LL80 伞兵刀可在任何时间、任何地点、任何天候使用，重击或甚至驾车碾过，都不会影响它的功能。

意大利"犀牛"左轮手枪

　　"犀牛"左轮手枪是由意大利齐亚帕公司设计生产的，它比一般左轮手枪更为棱角分明，具有一种超前的现代感。

结构解析

　　"犀牛"左轮手枪的外形十分独特，其把手是由 7075 铝合金制造的，而枪管、转轮和其他重要部分则是钢制。7075 铝合金具有有良好的疲劳强度，以及良好的加工性，不过不可焊接，与其他合金比起来抗腐蚀的能力也较弱。"犀牛"左轮手枪的 6 发转轮的横截面为六边形，而非圆柱形。

作战性能

　　"犀牛"左轮手枪的枪管轴线位于转轮轴线之下，比其他大多数左轮手枪都要低，因为它从转轮最下方的膛室射击，而非从转轮最上方的膛室射击。这种设计的优点是使枪管轴线最大限度地与射手持枪手的虎口高度相同，让后坐力几乎垂直地作用于射手手腕上的虎口部位，而非向上。加上"犀牛"左轮手枪本身的重量，就可以大幅降低射击时产生的枪口上跳。

以色列"墙角枪"

"墙角枪"是一种应用于巷战的特种武器，由以色列墙角（Corner）射击公司设计，使用者可利用彩色视频监视器，通过瞄准摄像头，在墙后观测前方敌情。目前，该枪正在世界各地的特种部队、普通部队和执法机构中使用。

结构解析

"墙角枪"由两个部分组成，前半部分包括1把手枪和1个彩色摄像头，后半部分包括枪托、扳机和监视器。两个部分通过1个设计巧妙的折页装置连接，因此前半部分既能向左转，也可以向右转。枪手用一面墙挡住自己身体，把枪伸出去，就能通过监视器观察敌情。

作战性能

"墙角枪"使射击者在墙角一侧无须暴露自己就能向另一侧射击，让拐角成为对自己有利的地形。这种武器的操作比较简单，一般射手稍加训练便能掌握拐弯射击的要领，熟练射手一秒内就能连续完成拐弯、瞄准、射击动作，并命中10米处目标。该枪的射击部分使用手枪，既能减小后坐保证精度，又满足了城市作战近距射击的战术要求。

以色列"沙漠之鹰"手枪

"沙漠之鹰"（Desert Eagle）手枪是以色列于 20 世纪 80 年代研制的半自动手枪，以威力巨大著称于世。

结构解析

在众多使用短后坐行程或气体反冲式机构的手枪中，"沙漠之鹰"手枪的设计极为不同。它的闭锁式枪机与 M16 系列突击步枪十分相似。这种设计的优点在于它能够使用比传统手枪威力更大的子弹，这使得"沙漠之鹰"手枪能和使用马格南子弹的左轮手枪相媲美。

作战性能

"沙漠之鹰"手枪的最初设计目的是打靶和打猎，就这一点而言，"沙漠之鹰"手枪的性能要比大多数手枪优越。不过，"沙漠之鹰"手枪的重量较大，虽然有利于控制后坐力，但较大的重量也意味着操作难度较大，即使双手握枪也很难长时间瞄准与射击。此外，"沙漠之鹰"手枪发射时的枪口焰也较大，在昏暗环境使用时需要花上一点时间来恢复视觉。这些缺点决定了"沙漠之鹰"手枪不会被军队选为制式手枪。

以色列"长钉"反坦克导弹

"长钉"（Spike）导弹是以色列研制的一种可以装备无人机的超小型导弹，它是世界上最小的"射后不管"导弹。

结构解析

"长钉"导弹是一种轻型、廉价、自动搜寻的武器系统，全套武器系统包括导弹、发射装置、整体式跟踪仪等。在气动外形上，"长钉"导弹采用两组矩形弹翼，弹尾的弹翼用作飞行控制，弹体中部的弹翼平时呈折叠状态，在发射后将自动弹出。

作战性能

"长钉"导弹的最初设计目标是改变"标枪"导弹要由多人携带和操作的现状，要求"背包运输、肩扛发射"，一个人就可携带至少 3 枚导弹，并独自施行瞄准发射任务。因此，"长钉"导弹的外形非常小巧。这种导弹具有很大的灵活性——在导弹飞行过程中，移动控制站的操作人员可以改变目标或者放弃攻击。由于这种导弹造价低廉，适合在前沿部队大量部署，对付低价值目标。

瑞典 AT-4 反坦克火箭筒

　　AT-4 反坦克火箭筒是瑞典萨博·博福斯动力公司生产的一种单发式单兵反坦克武器，它采用无后坐力炮发射原理，是预装弹、射击后抛弃的一次性武器。

结构解析

　　AT-4 火箭筒包括发射筒、铝合金喷管、击发机构、简易机械瞄准具、肩托、背带和前后保护密封盖等，发射筒由铝合金内衬和外绕玻璃纤维制成。该火箭筒的突出特点是采用高低压药室结构，发射药装在高强度铝合金高压室内，固定在发射筒尾部中央。发射时，发射药在高压室内充分燃烧，形成高压，然后进入低压室（铝制内衬发射筒）内，并在低压下膨胀做功，拉断高压室与弹丸之间的解脱销，将弹丸射出。

作战性能

　　AT-4 火箭筒的特点有：重量轻，携带方便；使用简单，操纵容易，射手无须长时间培训；采用无后坐力炮原理发射，发射特征不明显，射击位置不易暴露。该火箭筒配用空心装药破甲弹，其战斗部的主装药为奥克托金（HMX），破甲厚度 400 毫米，破甲后能在车体内产生峰值高压、高热和大范围的杀伤破片，并伴有致盲性强光和燃烧作用。

瑞典卡尔·古斯塔夫无后坐力炮

卡尔·古斯塔夫无后坐力炮是瑞典于20世纪40年代研制的单兵携带多用途无后坐力炮，发射84×246毫米的炮弹。与它同时期的类似武器普遍已经消失，而卡尔·古斯塔夫无后坐力炮直到今天仍然被广泛使用。

结构解析

卡尔·古斯塔夫无后坐力炮基本上是由炮管、后坐缓冲器，加上炮管前面的两个握把（分别是垂直前握把和手枪握把），以及枪托组件和两脚式支架的接口所组成，主体分为燃烧室和导向管两个部分。卡尔·古斯塔夫无后坐力炮装有机械瞄具，但更常见的是利用左侧光学瞄准镜支座上的3倍放大倍率的光学瞄准镜瞄准。

作战性能

卡尔·古斯塔夫无后坐力炮可以站立、跪、坐或俯卧位射击，并可以在枪托组件的前面装上两脚式支架以固定于地面射击。得益于无后坐力发射系统，卡尔·古斯塔夫无后坐力炮的炮弹可以装填相当多的装药，每发炮弹的初速是255米/秒，远超美国"巴祖卡"火箭筒和德国"坦克杀手"火箭筒。在理论上，卡尔·古斯塔夫无后坐力炮可以用于攻击远至700米的大型固定目标，但由于炮弹的飞行速度相对缓慢而限制其只能攻击400米以内的移动目标。

瑞士迷你左轮手枪

　　瑞士迷你左轮手枪（Swiss Mini Gun）是瑞士制造的微型左轮手枪，所有零部件完全是仿照经典的美国柯尔特"蟒型"左轮手枪按比例缩小制作的。该枪是世界上最小的枪支，也可以说是世界上最小的热兵器，现已被载入吉尼斯世界纪录。

结构解析

　　瑞士迷你左轮手枪的枪长只有 55 毫米，不锈钢型的重量不到 70 克。该枪可以发射特别研制的直径 2.34 毫米的缘发式子弹，也就是将引药装在弹壳底部突出边缘的子弹。瑞士迷你左轮手枪需要订制，可订制的加工项目包括乌木枪柄、手工雕刻的枪柄、镶有钻石或者其他宝石的黄金枪柄。整套产品包括左轮手枪、皮套、擦枪布、两盒子弹、手枪专用油一瓶。

作战性能

　　虽然瑞士迷你左轮手枪非常小巧，但仍然具有一定的杀伤力。其子弹初速度 180 米 / 秒，打中头部时不一定能打穿头骨，但若打中心脏还是能一枪毙命的。在市场上，瑞士迷你左轮手枪被人视为收藏珍品，但由于它具有杀伤性，所以必须通过瑞士火器局的核准才能购买。

西班牙"丛林之王"求生刀

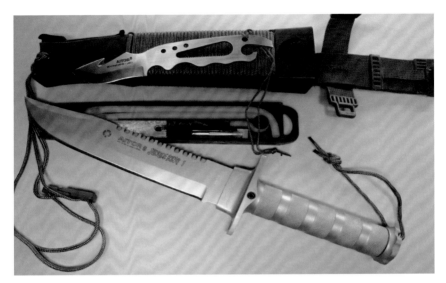

　　"丛林之王"求生刀是西班牙奥托公司生产的野外求生专用刀具，以其卓越的性能和优良的品质，不但为全世界广大户外运动爱好者所喜爱，更被一些国家的军警部门列为制式武器。

结构解析

　　"丛林之王"求生刀是一种多功能、多用途求生组合刀，按尺寸大小和附件数量分为 I、II、III 三种型号：I 型全长 358 毫米，刃长 225 毫米，厚度 5 毫米；II 型全长 265 毫米，刃长 135 毫米，厚度 4 毫米；III 型全长 220 毫米，刃长 105 毫米，厚度 3 毫米。各个型号的刀身都采用增强型的 440C 优质不锈钢制造，刀刃经过特殊的淬火处理，以加强硬度。

作战性能

　　I 型类似于狩猎刀，刀背有可锯断木材的锋利背齿。II 型和 III 型为匕首型，刀背接近刀头处有一段开锋的刀刃，同样带有背齿。I 型主要用于劈砍，II 型和 III 型主要用于穿刺。I 型和 II 型的刀柄均为铝合金制空心刀柄，内藏求生用品，并具有防水功能。

奥地利 TMP 战术冲锋手枪

　　TMP 战术冲锋手枪是奥地利施泰尔公司研制的一种可单手发射、兼有冲锋枪和手枪双重功能的武器，于 1992 年正式推出，旨在装备军队车辆驾驶员、飞机驾驶员以及工兵、通信兵、重武器射手等。

结构解析

　　TMP 战术冲锋手枪只有 41 个零件，广泛采用塑料件制造。该枪使用管退式工作原理，枪机回转式闭锁方式，只有 1 个闭锁突笋。拉机柄设在武器后方表尺座的下面，向后拉便可使枪待击。该枪配有前握把，并可在枪口处加装消声器。

作战性能

　　TMP 战术冲锋手枪利用双动扳机选择单、连发射击方式，当扳机位于第一个作用点时为单发，继续扣压扳机通过单发点后即为连发射击。横闩式保险卡笋具有三个设定位置，即保险、单发和连发。

芬兰 L–39 反坦克枪

　　L-39 反坦克枪是芬兰枪械设计师艾密欧·拉哈提于 20 世纪 30 年代研制的 20 毫米口径反坦克枪，于 1939 年 8 月 11 日通过所有测试，随后不久开始批量生产。

结构解析

　　与其说 L-39 是反坦克枪，不如说它是一种轻型反坦克炮。这种武器尺寸长、分量重，拥有步枪式枪托和手枪式握把，装有两脚架，冬季还加装了雪橇，便于雪地机动。

作战性能

　　L-39 反坦克枪的后坐力惊人，尽管有枪口制退器，射手抵肩射击时承受的后坐力也是常人无法忍受的。L-39 反坦克步枪刚开始生产，冬季战争就爆发了，L-39 立刻装备了拉多加湖前线阻击苏军的反坦克部队。在战斗中，这种反坦克枪成功击毁了苏军的轻型坦克，有效穿甲射程超过了 400 米。等到 T-34 中型坦克出现后，20 毫米穿甲弹就显得力不从心了。由于 L-39 反坦克枪的精度很高，1942 年开始逐步被用来对付碉堡和机枪火力点，类似于现代的反器材狙击步枪。

南非 NTW–20 狙击步枪

NTW-20 狙击步枪是南非研制的超大口径狙击步枪 / 反器材步枪，可发射 20×82 毫米、14.5×114 毫米和 20×110 毫米三种规格的枪弹。

结构解析

NTW-20 狙击步枪采用枪机回转式工作原理，枪口设有体积庞大的双膛制动器，可以将后坐力保持在可接受的水平。该枪没有安装机械瞄准具，但装有具备视差调节功能的 8 倍放大瞄准镜。机匣下设有折叠双脚架，机匣上有一个提把和一个瞄准镜保护框架。NTW-20 配备可拆卸弹匣，从左侧插入。一般情况下，NTW-20 由两人携带并操作，两个手提箱中分别携带不同的套件，每组套件约 15 千克。

作战性能

NTW-20 狙击步枪的设计宗旨是要成为一种可用作打击多种目标的多用途狙击步枪，并可发射各种特殊弹药。除了特种作战性质外的反器材任务外，NTW-20 狙击步枪也可以当作一种比轻型迫击炮更精准的支援武器，用来射击敌方的机枪阵地或碉堡等目标。该枪可以很容易地从一种口径转换到另外一种口径，只是将枪管、枪机、弹匣和瞄准镜等简单替换，在作战状态中大约不超过 1 分钟，灵活性超强。

南非连发式榴弹发射器

连发式榴弹发射器（Multiple Grenade Launcher，MGL）是南非米尔科姆有限公司生产的轻型双动操作六发肩射型榴弹发射器，主要发射 40×46 毫米低速榴弹。目前，MGL 榴弹发射器已被 30 多个国家的军队和执法机关采用。

结构解析

MGL 榴弹发射器采用转轮式结构，6 发榴弹装在一个旋转弹仓中，但与传统转轮手枪的原理不同，MGL 并不是通过与击发机构联动的装置来转动转仓的，装有 6 发直径 40 毫米榴弹的弹仓过大过沉，如果通过击发机构来联动，恐怕很难有人扳得动这个扳机。因此，MGL 采用卷簧也就是"上发条"的方式来解决这个问题。

作战性能

MGL 榴弹发射器的设计简单、坚固而可靠，它采用了久经考验的左轮手枪的原则，实现高精确率的射击，并且可以迅速地发射。MGL 可以装填多种弹药，如高爆弹、反坦克高爆弹、防暴警棍、刺激物和烟火等，发射速度视拉动扳机的力度而定。虽然 MGL 的主要用途是发射高爆榴弹以协助进攻和防御，但也可以装备适当的弹药以便在防暴用途和其他维和行动时发射以防止伤亡。

克罗地亚 RT-20 狙击步枪

RT-20 狙击步枪是克罗地亚研制的 20 毫米超大口径狙击步枪，20 世纪 90 年代初被克罗地亚军队采用，目前仍有一部分仍在服役。

结构解析

RT-20 狙击步枪采用枪机回转式工作原理，使用三个较大的凸块锁住枪管。由于没有设置弹匣，只能单发装填。RT-20 没有机械瞄准具，但配有望远式光学瞄准镜，安装在枪管上并偏向左侧。为了减轻后坐力，设计者开发了一种相当实用的反后坐力系统。该系统的核心是一根长反作用管，位于枪管上面，前端被连接到枪管的中点附近。反作用管的后面部分为反作用喷嘴，射击时会有一些热火药气体从枪管进入反作用筒，由于行进方向与枪支的后坐方向相反，可发挥抵消和减弱作用。另外，较大的枪口制动器也能进一步帮助减少后坐力。

作战性能

RT-20 狙击步枪采用了工艺先进的枪管、优良的光学瞄准镜和完善的制退系统，具有很高的射击精度，主要用于反器材和反装甲用途。不过，该枪的反后坐力系统也带来了一些缺点。首先，它需要射手具有一些特别的射击技术，以避免来自废气冲击的损伤。其次，由于相同的原因，它无法在狭小的空间中使用，附近也不能有第三个人。最后，废气会暴露射手的位置，引来敌人的攻击。

捷克 SF1"海妖"非致命武器

  SF1"海妖"（Kraken）非致命武器是捷克 CZ 公司在 2013 年国际防务与安全技术展上推出的非致命武器，主要是警察部队在维护秩序时使用。

结构解析

  SF1"海妖"非致命武器的特点是近距离目标低速发射，可发射网球大小的弹药，发射距离约 30 米，主要使用特殊设计的 357 马格南枪弹，这种枪弹的制造商是按照"海妖"非致命武器制造商的技术条件获准生产。

作战性能

  SF1"海妖"非致命武器是专门针对平民设计，不会造成人员伤亡。这种武器主要用于单兵防御，可根据需要进行有效可靠的制止，而不是直接造成致命伤害。该武器还可用于攻击动物目标、挑衅人员、个人或人群。此外，"海妖"非致命武器一项重要的特点是可在密闭的空间进行有效射击。

尼泊尔廓尔喀弯刀

廓尔喀弯刀原产于尼泊尔，目前在世界各国的特种部队中颇为流行。廓尔喀弯刀起源于古代，而让此刀声名远扬的则是近代隶属英军的尼泊尔廓尔喀步兵团，他们在两次世界大战中让敌人吃尽苦头，在"二战"后英国参加的数次战争中也发挥了重要作用。

结构解析

最初的廓尔喀弯刀完全以手工制成，需要 4 个工人耗费一整天时间才能完成一把。这种刀具特别注重实用性，装饰性其次。头重脚轻，前宽后窄，背厚刃薄的刀身状如狗腿，赋予其超凡的劈砍能力。刀身底部有小小的 V 形凹痕，可以将拔出后的鲜血引出，以免玷污刀柄。

作战性能

廓尔喀弯刀在劈砍时，使用者的力量可以集中在刀的前部，媲美斧子的杀伤力，非常适合肉搏砍杀和在丛林行进时开路。廓尔喀弯刀不仅可用于近身格斗，还是极佳的野外求生刀具，适合修理装备、挖洞、削尖帐篷支柱、切肉、开罐头、给猎物开膛等。

美国 Mk 47 榴弹发射器

　　Mk 47 榴弹发射器是美国于 21 世纪初研制的 40 毫米口径自动榴弹发射器，也被称为"打击者 40"（Striker 40），2005 年开始服役。

结构解析

　　Mk 47 榴弹发射器采用枪管短后坐式操作原理，配备 Mk 108 Mod 0 轻型三脚架和 AN/PWG-1 轻型视像瞄准具（Lightweight Video Sight，LVS）。AN/PWG-1 安装在武器的右侧，控制按钮和操纵杆设在机匣后面，在握把之间。AN/PWG-1 能提供 3 倍的放大倍率和电视瞄准画面，再加上激光测距仪和弹道计算机组成的火控系统，另外还有连接到热成像夜视仪上的接口供夜间使用。射手可通过火控系统，用 AN/PWG-1 准确地测量目标距离，并根据显示出的预测弹着点，准确命中目标。

作战性能

　　Mk 47 榴弹发射器除了能发射所有北约标准的 40 毫米高速榴弹以外，还可发射能够在设定距离进行空爆的 Mk 285 聪明榴弹，其电脑化的瞄准设备能够让用户自行设定距离。Mk 47 榴弹发射器的供弹方式为弹链，标准弹箱可携带 32 发或 48 发榴弹。

美国 MS 2000 频闪求生信号灯

　　MS 2000 频闪求生信号灯是美国特种部队使用的求生装置，由爱默生公司设计生产，主要用于辨别敌我、标注位置和提供求救指示。

结构解析

　　MS 2000 的电池盖是旋扭锁死设计，可以达到很好的密封性。后盖和灯体之间有钢丝连接，可以避免后盖丢失。新款的 MS 2000 还带有一个铁丝保险，防止意外打开开关。MS 2000 频闪求生信号灯本身带有滤光罩，当使用滤光罩的时候，只有在夜视仪下，才能看到闪光。

作战性能

　　MS 2000 频闪求生信号灯使用两节 AA 电池供电，能发出 25 万流明的白光。据军方测试，9.6 千米以外都能看到它发出的白光。即便在恶劣的户外环境下，特种兵仍然可以放心地使用。据测试，MS 2000 频闪求生信号灯的防水深度达到 10 米，即便是落入海中的特种兵也能使用它求救。美国特种作战人员经常会将 MS 2000 频闪求生信号灯稍加改造，将其固定在头盔上面，引导 CH-47、CH-60 等直升机进行搜索 / 营救任务。

俄罗斯 VSS 狙击步枪

　　VSS 狙击步枪是苏联于 20 世纪 80 年代研制的 9 毫米微声狙击步枪，VSS 是 Vinovka Snaiperskaja Spetsialnaya 的缩写，意为"特种狙击步枪"。

结构解析

　　VSS 狙击步枪是以 AS 突击步枪为基础改进而来，两者的结构原理完全一样。在外形上，两者的区别主要是枪托和握把的不同。VSS 狙击步枪取消了独立小握把，改为框架式的木制运动型枪托，枪托底部有橡胶底板。此外，两者的弹匣可以通用，但 VSS 狙击步枪的标准配备是 10 发弹匣。AS 突击步枪虽然也可以发射 SP-6 和 PAB-9，但主要是发射便宜的 SP-5 普通弹。VSS 狙击步枪也可以发射 SP-5 普通弹，但主要是发射 SP-6 穿甲弹。

作战性能

　　与 AS 突击步枪一样，VSS 狙击步枪也是专为特种部队研制，已经装备了俄罗斯的特种部队及执法机构的行动单位，而且在各地的武装冲突中得到了广泛的应用。VSS 狙击步枪隐蔽性强，除了可以进行半自动单发狙击射击之外，在必要时也可进行全自动发射。

俄罗斯 SV-99 狙击步枪

SV-99 狙击步枪是俄罗斯伊兹马什公司（现卡拉什尼科夫集团）专门为俄罗斯特种部队设计的一种小口径、轻型、近距离狙击步枪。在时下狙击步枪都流行增大威力和射程的趋势下，SV-99 狙击步枪却采用了口径较小的 .22LR（5.6×15 毫米）子弹。

结构解析

SV-99 狙击步枪采用了肘节式闭锁机构的直拉式枪机，枪管为冷锻成型，有 6 条右旋膛线，枪膛没有镀铬。该枪的保险柄位于扳机护圈前方。把保险柄拨至后方，则枪机和扳机都会被锁住；如果想要解除保险，则将保险柄拨至前方即可。SV-99 狙击步枪还采用了可拆卸式的枪托，在机匣左后侧有一个突起的部件是用于控制枪托部件安装的，可以根据战场环境的需要来决定是安装枪托还是手枪式小握把。SV-99 没有机械瞄具，在机匣的顶端设有一对前后排列的燕尾槽，可以通过它们来迅速安装各种望远式瞄准镜。

作战性能

SV-99 狙击步枪的结构非常紧凑，可以分解成几个部分，能很方便地使用中号背包或者盒子来携带。该枪换装手枪式小握把后，有利于在狭窄的近战环境中操作。SV-99 狙击步枪采用可拆卸式弹匣供弹，塑料制弹匣的容量是 5 发，但是也可以使用 8 发或 10 发容量的弹匣。

比利时 FN SCAR 突击步枪

SCAR-L 步枪（上）和 SCAR-H 步枪（下）

FN SCAR 突击步枪是比利时国营赫斯塔尔公司为了参加美国特种作战司令部"特种部队战斗突击步枪"（SOF Combat Assault Rifle，SCAR）项目而制造的突击步枪，2009 年开始服役。

结构解析

FN SCAR 突击步枪有两种主要版本，即 SCAR-L（Light，轻型版）和 SCAR-H（Heavy，重型版），两种版本都可以改装成"狙击形态"或"近战形态"。因为采用了模块化设计，所以 FN SCAR 突击步枪可以在两种口径之间灵活变换。该枪的铝制外壳上方有全尺寸的战术导轨，两个可拆式导轨在侧面，下方还可挂载任何 MIL-STD-1913 标准的相容配件，握把部分和 M16 用的握把可互换，弹匣和弹匣释放钮和 M16 相同，前准星可以折下，不会挡到瞄准镜或是光学瞄准器。FN SCAR 步枪使用的气体闭锁系统类似早期的 M1 卡宾枪，与 Stoner 63 或 HK G36 等现代突击步枪差别较大。

作战性能

SCAR-L 发射 5.56×45 毫米北约标准弹，使用类似于 M16 的弹匣，只不过是钢材制造，虽然比 M16 的塑料弹匣更重，但是强度更高，可靠性也更好。SCAR-H 发射威力更大的 7.62×51 毫米北约标准弹，使用 FN FAL 的 20 发弹匣，不同枪管长度可以用于不同的模式。FN SCAR 可加装榴弹发射器，比利时国营赫斯塔尔公司内部称其为"增强型榴弹发射器模块（EGLM），对外称其为 FN40GL，美国特种作战司令部则将其命名为 Mk 13 MOD 0 下挂榴弹发射器。

使用 FN SCAR 突击步枪的美国海军"海豹"突击队员

参 考 文 献

[1] 郭漫. 青少年必读：世界陆军武器图鉴 [M]. 北京：航空工业出版社，2010.

[2] 李大光. 世界著名战车 [M]. 西安：陕西人民出版社，2011.

[3] 李斌. 经典陆战武器装备 [M]. 北京：中国经济出版社，2015.

[4] 杰克逊. 坦克与装甲车视觉百科全书 [M]. 北京：机械工业出版社，2014.

[5] 黎贯宇. 世界名枪全鉴 [M]. 北京：机械工业出版社，2013.

全球导弹
鉴赏指南
（珍藏版）
（第2版）

全球火炮
鉴赏指南
（珍藏版）
（第2版）

主战舰艇
鉴赏指南
（珍藏版）
（第2版）

航空母舰
鉴赏指南
（珍藏版）
（第2版）

作战飞机
鉴赏指南
（珍藏版）
（第2版）

民用飞机
鉴赏指南
（珍藏版）
（第2版）

无人装备
鉴赏指南
（珍藏版）
（第2版）

反恐装备
鉴赏指南
（珍藏版）
（第2版）

航天器
鉴赏指南
（珍藏版）
（第2版）

军用车辆
鉴赏指南
（珍藏版）
（第2版）

世界徽章
鉴赏指南
（珍藏版）
（第2版）

世界军服
鉴赏指南
（珍藏版）
（第2版）

步枪与机枪
鉴赏指南
（珍藏版）
（第2版）

手枪与冲锋枪
鉴赏指南
（珍藏版）
（第2版）

海军陆战队武器
鉴赏指南
（珍藏版）
（第2版）

军用辅助舰艇
鉴赏指南
（珍藏版）
（第2版）

军用辅助飞机
鉴赏指南
（珍藏版）
（第2版）

世界武器鉴赏系列

现代舰船 鉴赏指南（珍藏版）[第2版]

现代飞机 鉴赏指南（珍藏版）[第2版]

现代战机 鉴赏指南（珍藏版）[第2版]

单兵武器 鉴赏指南（珍藏版）[第2版]

世界手枪 鉴赏指南（珍藏版）[第2版]

世界名枪 鉴赏指南（珍藏版）[第2版]

美国海军武器 鉴赏指南[珍藏版][第2版]

二战尖端武器 鉴赏指南（珍藏版）[第2版]

特种作战装备 鉴赏指南（珍藏版）[第2版]

早期经典战机 鉴赏指南（珍藏版）[第2版]

坦克与装甲车 鉴赏指南（珍藏版）[第2版]

空战武器 鉴赏指南（珍藏版）[第2版]

陆战武器 鉴赏指南（珍藏版）[第2版]

无人装备 鉴赏指南（珍藏版）[第2版]

特殊武器 鉴赏指南（珍藏版）[第2版]

海战武器 鉴赏指南（珍藏版）[第2版]